CONJUGAISON FRANÇAISE

MATHILDE PARIS

CONJUGAISON
FRANÇAISE

© 2006, Pocket, un département d'Univers Poche.

ISBN : 2-266-16501-1

LES BASES DE LA CONJUGAISON

Verbes transitifs et intransitifs

– Les verbes transitifs directs sont construits avec un complément d'objet direct (COD) [ex. : *je mange une pomme*], alors que les verbes transitifs indirects sont construits avec un complément d'objet indirect (COI) [ex. : *il pense à moi*].
– Les verbes intransitifs n'admettent pas de complément d'objet mais peuvent se construire avec un complément circonstanciels (ex. : *il dort comme un bébé*).

Verbes impersonnels

Les verbes impersonnels ne s'emploient qu'à la 3e personne du singulier. Le sujet ne réfère à rien, ni à une personne, ni à une chose (ex. : *il pleut*).

Verbes pronominaux

Ces verbes sont construits avec un pronom personnel réfléchi de la même personne que le sujet (ex. : *il se promène*).

Verbes défectifs

Dans l'usage courant, ces verbes ont une conjugaison incomplète et ne sont employés qu'à certains modes et à certains temps. Ex. : choir, gésir, quérir...

Auxiliaires

Les deux auxiliaires, **avoir** et **être**, servent à conjuguer tous les verbes aux temps composés.
– **avoir** : cet auxiliaire s'emploie pour conjuguer la plupart des verbes aux temps composés de la voix active (ex. : *j'ai fini mes devoirs*).
– **être** : il sert à conjuguer certains verbes d'état et de positionnement (ex. : *il est devenu méchant*), tous les verbes employés pronominalement (ex. : *je me suis habillé*) ainsi que tous les verbes à la voix passive (ex. : *il a été surpris*).

Les modes et les temps

Le sens des modes et des temps

L'**indicatif** est employé soit dans des propositions indépendantes et principales, soit dans des propositions subordonnées introduites par « que ».

Le présent sert à exprimer une action, un état qui a lieu au moment où l'on parle, une pensée d'ordre général ou encore une habitude (ex. : *j'arrive tout de suite !* ; *le feu est rouge* ; *qui ne dit mot consent* ; *je lis tous les soirs*).

L'imparfait peut exprimer :
– une action simultanée par rapport à une autre : *tout en marchant, il regardait le ciel*.
– une action répétée : *tous les jours j'achetais mon pain dans cette boulangerie*.

Le passé simple, temps principal de la narration, met l'accent sur un fait passé à un moment précis : *j'allais partir quand elle arriva.*

Le futur simple exprime une action à venir avec certitude : *Je serai à Paris demain.*

Le futur antérieur indique une action future accomplie avant une autre action : *dès que la pluie aura cessé, je sortirai.*

Le passé antérieur indique une action accomplie avant une autre action également passée : *quand il eut fini son assiette, il sortit de table.*

Le plus-que-parfait a un emploi similaire mais sans rapport de succession immédiate entre les deux actions : *sa visite me surprit pourtant elle m'avait prévenu.*

Le **subjonctif** est le mode privilégié des propositions subordonnées exprimant le doute, l'hypothèse, la possibilité, l'éventualité, le souhait... C'est également ce mode qui doit être utilisé dans les subordonnées dont la verbe de la principale exprime l'ordre, le conseil, l'attente, l'obligation, la crainte... *Je préférerais que tu viennes demain ! Il attend qu'il fasse beau pour organiser un pique-nique.*

L'**impératif** exprime un ordre ou une interdiction : *arrête de pleurer !*

Le **conditionnel** sert à émettre une hypothèse : *il se pourrait qu'il soit trop tard.*

NB : la concordance des temps s'applique principalement entre propositions principales et subordonnées : le mode et le temps de la première déterminent le mode et le temps de la seconde.

Règles d'accord

✓ *Accord du verbe avec le sujet*

Lorsqu'il y a un seul sujet, la règle veut que le verbe s'accorde avec son sujet en nombre et en personne : *ma sœur est petite* ; *ils arrivent*.

En revanche, s'il y plusieurs sujets, et même si chacun d'eux est un singulier, le verbe se met au pluriel (sauf cas particulier) : *ma mère et ma sœur sont parties faire des courses* ; *un et un font deux*.

✓ *Accord du participe passé*

– le participe passé employé avec l'auxiliaire être s'accorde en genre et en nombre avec le sujet du verbe : *les fleurs sont fanées*.

– le participe passé employé avec l'auxiliaire avoir s'accorde en genre et en nombre avec le complément d'objet direct placé avant le verbe. S'il n'y a pas de COD ou s'il n'est pas placé avant le verbe, le participe passé reste invariable : *je n'aurais jamais acheté les fleurs qu'il a achetées* ; *As-tu préparé tes affaires ? je les ai préparées*.

✓ *Cas particuliers*

• **Les verbes pronominaux :**

– le participe passé des verbes essentiellement pronominaux (toujours précédés de « se » à l'infinitif) se conjugue avec l'auxiliaire être et s'accorde avec le sujet : *les élèves se sont cotisés pour faire un cadeau à leur professeur*.

– le participe passé des verbes occasionnellement pronominaux, c'est-à-dire les verbes transitifs de sens réfléchi ou réciproque, s'accorde avec le COD si celui-ci est placé avant le verbe : *elle s'est lavée* (= elle a lavé elle-même) / *elle s'est lavé les cheveux* (le COD est après le verbe) ; quand le verbe, à la forme active, est suivi d'un complément introduit par « de » ou « à » le participe ne s'accorde pas : *ils se sont écrit* = ils ont écrit à eux.

• **Le COD est « en »** : on peut toujours laisser le participe passé invariable : *ma sœur adore les beignets, j'en ai fait pour le dessert.*

• **Verbes intransitifs** : le participe passé de certains verbes intransitifs (coûter, valoir, peser, mesurer, régner, durer, dormir) reste invariable : *les dix kilos que ce sac a pesé* (attention il ne s'agit pas d'un COD mais d'un complément circonstanciel) ; mais employés transitivement ils s'accordent avec le COD : *les marchandises que j'ai pesées.*

• **Verbes impersonnels** : le participe des verbes impersonnels reste invariable : *les inondations qu'il y a eu.*

• **Participe passé + infinitif** : le participe passé suivi d'un infinitif s'accorde avec le COD si celui-ci fait l'action exprimée par l'infinitif (*les oiseaux que j'ai entendus chanter*), mais il n'y a pas d'accord si le COD subit l'action exprimée par l'infinitif (*cette pièce, je l'ai vu jouer*).

Diagramme

Dans un verbe, il convient de distinguer le radical et la terminaison. Si le radical reste le plus souvent le même, la terminaison, elle, varie. Pour trouver le radical, il suffit de retrancher l'une des terminaisons de l'infinitif (-er, -ir, -oir et -re). Celles-ci permettent également de savoir à quel groupe appartient le verbe.

NB : pour une lecture plus facile, les verbes sont toujours présentés à l'infinitif présent. Pour former leur infinitif passé, il suffit d'associer l'un des auxiliaires (le plus souvent **avoir**) et le participe passé (ex. : *avoir fait*). Les quelques verbes qui se construisent avec l'auxiliaire **être** seront précisés dans les tableaux.

Avoir (tableau 1)
Être (tableau 2)
Forme passive : **être aimé** (tableau 3)
Forme pronominale : **se méfier** (tableau 4)
Les terminaisons (tableau 5)

Le verbe se termine en –er
OUI → c'est le verbe **aller** (3ᵉ groupe) [tableau 20]
NON → c'est un verbe du 1ᵉʳ groupe : **aimer** (tableau 6)
  –cer : **avancer** (tableau 7)
  –ger : **manger** (tableau 8)
  –éer : **créer** (tableau 9)
  –oyer/-uyer : **essuyer** (tableau 10)/**envoyer** (tableau 11)
  –ayer : **payer** (tableau 12)
  –ier : **nier** (tableau 13)
  –eler/–eter I : **appeler** (tableau 14)
  –eler/èeter II : **acheter** (tableau 15)
  –e(.)er : **lever** (tableau 16)
  –é(.)er : **céder** (tableau 17)

NON

Le verbe se termine en –ir
OUI → au participe présent, il se termine par –issant
OUI → c'est un verbe du 2ᵉ groupe
  finir (tableau 18)
  haïr (tableau 19)

NON → c'est un verbe du 3ᵉ groupe
  –enir : **venir** (tableau 21)
  –érir : **acquérir** (tableau 22)
  –tir : **mentir** (tableau 23)/**vêtir** (tableau 24)
  –vrir/–frir : **couvrir** (tableau 25)
  –llir : **cueillir** (tableau 26)/**assaillir** (tableau 27)/
  bouillir (tableau 28)/**faillir** (tableau 29)
  –rir : **courir** (tableau 30)/**mourir** (tableau 31)
  –uir : **fuir** (tableau 32)

Le verbe se termine en –oir

OUI

– cevoir : **recevoir** (tableau 33)

– voir : **voir** (tableau 34)/**pourvoir** (tableau 35)/**savoir** (tableau 36)/ **devoir** (tableau 37) / **pouvoir** (tableau 38)/**mouvoir** (tableau 39)/**pleuvoir** (verbe impersonnel) (tableau 40)

– loir : **falloir** (verbe impersonnel) (tableau 41)/**valoir** (tableau 42)/**vouloir** (tableau 43)

– seoir : **asseoir** (tableau 44)

NON

Le verbe se termine en – re

OUI

–andre/–endre/–ondre/–erdre/–ordre : **rendre** (tableau 45)/**prendre** (tableau 46)

–indre/–eindre/–aindre/–oindre : **atteindre** (tableau 47)

–soudre : **résoudre** (tableau 48)

–attre : **battre** (tableau 49)

–ettre : **mettre** (tableau 50)

–aître : **connaître** (tableau 51)/**naître** (tableau 52)

–oître : **croître** (tableau 53)

–oire : **croire** (tableau 54)/**boire** (tableau 55)

–uire : **cuire** (tableau 56)

–ire : **lire** (tableau 57)/**dire** (tableau 58)/**rire** (tableau 59)/**écrire** (tableau 60)/**suffire** (tableau 61)

–ore : **clore** (tableau 62)

–clure : **conclure** (tableau 63)

–ivre : **suivre** (tableau 64)/**vivre** (tableau 65)

– : **vaincre** (tableau 66)/**faire** (tableau 67)/**plaire** (tableau 68)/**coudre** (tableau 69)/**moudre** (tableau 70)

1 – AVOIR

– infinitif passé : avoir eu
– formes impersonnelles : il y a, il y aura...

INDICATIF	
Présent	**Passé composé**
j'ai	j'ai eu
tu as	tu as eu
il a	il a eu
nous avons	nous avons eu
vous avez	vous avez eu
ils ont	ils ont eu
Imparfait	**Plus-que-parfait**
j'avais	j'avais eu
tu avais	tu avais eu
il avait	il avait eu
nous avions	nous avions eu
vous aviez	vous aviez eu
ils avaient	ils avaient eu
Passé simple	**Passé antérieur**
j'eus	j'eus eu
tu eus	tu eus eu
il eut	il eut eu
nous eûmes	nous eûmes eu
vous eûtes	vous eûtes eu
ils eurent	ils eurent eu
Futur simple	**Futur antérieur**
j'aurai	j'aurai eu
tu auras	tu auras eu
il aura	il aura eu
nous aurons	nous aurons eu
vous aurez	vous aurez eu
ils auront	ils auront eu

SUBJONCTIF	
Présent	**Passé**
que j'aie	que j'aie eu
que tu aies	que tu aies eu
qu'il ait	qu'il ait eu
que nous ayons	que nous ayons eu
que vous ayez	que vous ayez eu
qu'ils aient	qu'ils aient eu
Imparfait	**Plus-que-parfait**
que j'eusse	que j'eusse eu
que tu eusses	que tu eusses eu
qu'il eût	qu'il eût eu
que nous eussions	que nous eussions eu
que vous eussiez	que vous eussiez eu
qu'ils eussent	qu'ils eussent eu

CONDITIONNEL	
Présent	**Passé 1re forme**
j'aurais	j'aurais eu
tu aurais	tu aurais eu
il aurait	il aurait eu
nous aurions	nous aurions eu
vous auriez	vous auriez eu
ils auraient	ils auraient eu
Passé 2e forme	
j'eusse eu	
tu eusses eu	
il eût eu	
nous eussions eu	
vous eussiez eu	
ils eussent eu	

IMPÉRATIF	
Présent	**Passé**
Aie	aie eu
ayons	ayons eu
ayez	ayez eu

PARTICIPE	
Présent	**Passé**
Ayant	eu
	eue
	eus
	eues

2 – ÊTRE

– infinitif passé : avoir été

INDICATIF	
Présent	**Passé composé**
je suis tu es il est nous sommes vous êtes ils sont	j'ai été tu as été il a été nous avons été vous avez été ils ont été
Imparfait	**Plus-que-parfait**
j'étais tu étais il était nous étions vous étiez ils étaient	j'avais été tu avais été il avait été nous avions été vous aviez été ils avaient été
Passé simple	**Passé antérieur**
je fus tu fus il fut nous fûmes vous fûtes ils furent	j'eus été tu eus été il eut été nous eûmes été vous eûtes été ils eurent été
Futur simple	**Futur antérieur**
je serai tu seras il sera nous serons vous serez ils seront	j'aurai été tu auras été il aura été nous aurons été vous aurez été ils auront été

SUBJONCTIF

Présent	Passé
que je sois	que j'aie été
que tu sois	que tu aies été
qu'il soit	qu'il ait été
que nous soyons	que nous ayons été
que vous soyez	que vous ayez été
qu'ils soient	qu'ils aient été

Imparfait	Plus-que-parfait
que je fusse	que j'eusse été
que tu fusses	que tu eusses été
qu'il fût	qu'il eût été
que nous fussions	que nous eussions été
que vous fussiez	que vous eussiez été
qu'ils fussent	qu'ils eussent été

CONDITIONNEL

Présent	Passé 1re forme
je serais	j'aurais été
tu serais	tu aurais été
il serait	il aurait été
nous serions	nous aurions été
vous seriez	vous auriez été
ils seraient	ils auraient été

Passé 2e forme	
j'eusse été	
tu eusses été	
il eût été	
nous eussions été	
vous eussiez été	
ils eussent été	

IMPÉRATIF

Présent	Passé
sois	aie été
soyons	ayons été
soyez	ayez été

PARTICIPE

Présent	Passé
étant	été

3 – ÊTRE AIMÉ

INDICATIF	
Présent	**Passé composé**
je suis aimé	j'ai été aimé
tu es aimé	tu as été aimé
il est aimé	il a été aimé
nous sommes aimés	nous avons été aimés
vous êtes aimés	vous avez été aimés
ils sont aimés	ils ont été aimés
Imparfait	**Plus-que-parfait**
j'étais aimé	j'avais été aimé
tu étais aimé	tu avais été aimé
il était aimé	il avait été aimé
nous étions aimés	nous avions été aimés
vous étiez aimés	vous aviez été aimés
ils étaient aimés	ils avaient été aimés
Passé simple	**Passé antérieur**
je fus aimé	j'eus été aimé
tu fus aimé	tu eus été aimé
il fut aimé	il eut été aimé
nous fûmes aimés	nous eûmes été aimés
vous fûtes aimés	vous eûtes été aimés
ils furent aimés	ils eurent été aimés
Futur simple	**Futur antérieur**
je serai aimé	j'aurai été aimé
tu seras aimé	tu auras été aimé
il sera aimé	il aura été aimé
nous serons aimés	nous aurons été aimés
vous serez aimés	vous aurez été aimés
ils seront aimés	ils auront été aimé
SUBJONCTIF	
Présent	**Passé**
que je sois aimé	que j'aie été aimé
que tu sois aimé	que tu aies été aimé
qu'il soit aimé	qu'il ait été aimé
que nous soyons aimés	que nous ayons été aimés
que vous soyez aimés	que vous ayez été aimés
qu'ils soient aimés	qu'ils aient été aimés

Imparfait	Plus-que-parfait
que je fusse aimé	que j'eusse été aimé
que tu fusses aimé	que tu eusses été aimé
qu'il fût aimé	qu'il eût été aimé
que nous fussions aimés	que nous eussions été aimés
que vous fussiez aimés	que vous eussiez été aimé
qu'ils fussent aimés	qu'ils eussent été aimés

CONDITIONNEL

Présent	Passé 1re forme

Présent	Passé 1re forme
je serais aimé	j'aurais été aimé
tu serais aimé	tu aurais été aimé
il serait aimé	il aurait été aimé
nous serions aimés	nous aurions été aimés
vous seriez aimés	vous auriez été aimés
ils seraient aimés	ils auraient été aimés

Passé 2e forme	
j'eusse été aimé	
tu eusses été aimé	
il eût été aimé	
nous eussions été aimés	
vous eussiez été aimés	
ils eussent été aimés	

IMPÉRATIF

Présent	Passé
sois aimé	
soyons aimés	
soyez aimés	

PARTICIPE

Présent	Passé
étant aimé	aimé
	ayant été aimé

4 – SE LAVER

– infinitif passé : s'être lavé
– attention aux accords des participes passés

INDICATIF	
Présent	**Passé composé**
je me lave	je me suis lavé
tu te laves	tu t'es lavé
il se lave	il s'est lavé
nous nous lavons	nous nous sommes lavés
vous vous lavez	vous vous êtes lavés
ils se lavent	ils se sont lavés
Imparfait	**Plus-que-parfait**
je me lavais	je m'étais lavé
tu te lavais	tu t'étais lavé
il se lavait	il s'était lavé
nous nous lavions	nous nous étions lavés
vous vous laviez	vous vous étiez lavés
ils se lavaient	ils s'étaient lavés
Passé simple	**Passé antérieur**
je me lavai	je me fus lavé
tu te lavas	tu te fus lavé
il se lava	il se fut lavé
nous nous lavâmes	nous nous fûmes lavés
vous vous lavâtes	vous vous fûtes lavés
ils se lavèrent	ils se furent lavés
Futur simple	**Futur antérieur**
je me laverai	je me serai lavé
tu te laveras	tu te seras lavé
il se lavera	il se sera lavé
nous nous laverons	nous nous serons lavés
vous vous laverez	vous vous serez lavés
ils se laveront	ils se seront lavés

SUBJONCTIF	
Présent	**Passé**
que je me lave	que je me sois lavé
que tu te laves	que tu te sois lavé
qu'il se lave	qu'il se soit lavé
que nous nous lavions	que nous nous soyons lavés
que vous vous laviez	que vous vous soyez lavés
qu'ils se lavent	qu'ils se soient lavés
Imparfait	**Plus-que-parfait**
que je me lavasse	que je me fusse lavé
que tu te lavasses	que tu te fusses lavé
qu'il se lavât	qu'il se fût lavé
que nous nous lavassions	que nous nous fussions lavés
que vous vous lavassiez	que vous vous fussiez lavés
qu'ils se lavassent	qu'ils se fussent lavés

CONDITIONNEL	
Présent	**Passé 1re forme**
je me laverais	je me serais lavé
tu te laverais	tu te serais lavé
il se laverait	il se serait lavé
nous nous laverions	nous nous serions lavés
vous vous laveriez	vous vous seriez lavés
ils se laveraient	ils se seraient lavés
Passé 2e forme	
je me fusse lavé	
tu te fusses lavé	
il se fût lavé	
nous nous fussions lavés	
vous vous fussiez lavés	
ils se fussent lavés	

IMPÉRATIF	
Présent	**Passé**
lave-toi	---
lavons-nous	
lavez-vous	

PARTICIPE	
Présent	**Passé**
se lavant	s'était lavé
	lavée
	lavés
	lavées

5 – Les terminaisons des trois groupes

INDICATIF PRÉSENT		
e	is	s
es	is	s
e	it	t
ons	issons	ons
ez	issez	ez
ent	issent	ent

INDICATIF IMPARFAIT		
ais	issais	ais
ais	issais	ais
ait	issait	ait
ions	issions	ions
iez	issiez	iez
aient	issaient	aient

INDICATIF PASSÉ SIMPLE		
ai	is	us
as	is	us
a	it	ut
âmes	îmes	ûmes
âtes	îtes	ûtes
èrent	irent	urent

INDICATIF FUTUR SIMPLE		
erai	irai	rai
eras	iras	ras
era	ira	ra
erons	irons	rons
erez	irez	rez
eront	iront	ront

SUBJONCTIF PRÉSENT		
e	isse	e
es	isses	es
e	isse	e
ions	issions	ions
iez	issiez	iez
ent	issent	ent

SUBJONCTIF IMPARFAIT		
asse	isse	usse
asses	isses	usses
ât	ît	ût
assions	issions	ussions
assiez	issiez	ussiez
assent	issent	ussent

CONDITIONNEL PRÉSENT		
erais		
erais		
erait		
erions		
eriez		
eraient		

IMPÉRATIF PRÉSENT		
e	is	s
ons	issons	ons
ez	issez	ez

INFINITIF PRÉSENT		
er	ir	ir ; oir ; re

PARTICIPE			
Présent			**Passé**
ant	issant	ant	é i i ; u ; t ; s

6 – AIMER

INDICATIF	
Présent	**Passé composé**
j'aime	j'ai aimé
tu aimes	tu as aimé
il aime	il a aimé
nous aimons	nous avons aimé
vous aimez	vous avez aimé
ils aiment	ils ont aimé
Imparfait	**Plus-que-parfait**
j'aimais	j'avais aimé
tu aimais	tu avais aimé
il aimait	il avait aimé
nous aimions	nous avions aimé
vous aimiez	vous aviez aimé
ils aimaient	ils avaient aimé
Passé simple	**Passé antérieur**
j'aimai	j'eus aimé
tu aimas	tu eus aimé
il aima	il eut aimé
nous aimâmes	nous eûmes aimé
vous aimâtes	vous eûtes aimé
ils aimèrent	ils eurent aimé
Futur simple	**Futur antérieur**
j'aimerai	j'aurai aimé
tu aimeras	tu auras aimé
il aimera	il aura aimé
nous aimerons	nous aurons aimé
vous aimerez	vous aurez aimé
ils aimeront	ils auront aimé
SUBJONCTIF	
Présent	**Passé**
que j'aime	que j'aie aimé
que tu aimes	que tu aies aimé
qu'il aime	qu'il ait aimé
que nous aimions	que nous ayons aimé
que vous aimiez	que vous ayez aimé
qu'ils aiment	qu'ils aient aimé

Imparfait	Plus-que-parfait
que j'aimasse	que j'eusse aimé
que tu aimasses	que tu eusses aimé
qu'il aimât	qu'il eût aimé
que nous aimassions	que nous eussions aimé
que vous aimassiez	que vous eussiez aimé
qu'ils aimassent	qu'ils eussent aimé

CONDITIONNEL

Présent	Passé 1re forme
j'aimerais	j'aurais aimé
tu aimerais	tu aurais aimé
il aimerait	il aurait aimé
nous aimerions	nous aurions aimé
vous aimeriez	vous auriez aimé
ils aimeraient	ils auraient aimé

Passé 2e forme	
j'eusse aimé	
tu eusses aimé	
il eût aimé	
nous eussions aimé	
vous eussiez aimé	
ils eussent aimé	

IMPÉRATIF

Présent	Passé
aime	aie aimé
aimons	ayons aimé
aimez	ayez aimé

PARTICIPE

Présent	Passé
aimant	aimé
	aimée
	aimés
	aimées

7 – AVANCER

– Ne pas oublier le « c » cédille devant a et o

INDICATIF	
Présent	**Passé composé**
j'avance	j'ai avancé
tu avances	tu as avancé
il avance	il a avancé
nous avançons	nous avons avancé
vous avancez	vous avez avancé
ils avancent	ils ont avancé
Imparfait	**Plus-que-parfait**
j'avançais	j'avais avancé
tu avançais	tu avais avancé
il avançait	il avait avancé
nous avancions	nous avions avancé
vous avanciez	vous aviez avancé
ils avançaient	ils avaient avancé
Passé simple	**Passé antérieur**
j'avançai	j'eus avancé
tu avanças	tu eus avancé
il avança	il eut avancé
nous avançâmes	nous eûmes avancé
vous avançâtes	vous eûtes avancé
ils avancèrent	ils eurent avancé
Futur simple	**Futur antérieur**
j'avancerai	j'aurai avancé
tu avanceras	tu auras avancé
il avancera	il aura avancé
nous avancerons	nous aurons avancé
vous avancerez	vous aurez avancé
ils avanceront	ils auront avancé

SUBJONCTIF	
Présent	**Passé**
que j'avance	que j'aie avancé
que tu avances	que tu aies avancé
qu'il avance	qu'il ait avancé
que nous avancions	que nous ayons avancé
que vous avanciez	que vous ayez avancé
qu'ils avancent	qu'ils aient avancé
Imparfait	**Plus-que-parfait**
que j'avançasse	que j'eusse avancé
que tu avançasses	que tu eusses avancé
qu'il avançât	qu'il eût avancé
que nous avançassions	que nous eussions avancé
que vous avançassiez	que vous eussiez avancé
qu'ils avançassent	qu'ils eussent avancé

CONDITIONNEL	
Présent	Passé 1re forme
j'avancerais	j'aurais avancé
tu avancerais	tu aurais avancé
il avancerait	il aurait avancé
nous avancerions	nous aurions avancé
vous avanceriez	vous auriez avancé
ils avanceraient	ils auraient avancé
Passé 2e forme	
j'eusse avancé	
tu eusses avancé	
il eût avancé	
nous eussions avancé	
vous eussiez avancé	
ils eussent avancé	

IMPÉRATIF	
Présent	**Passé**
avance	aie avancé
avançons	ayons avancé
avancez	ayez avancé

PARTICIPE	
Présent	**Passé**
avançant	avancé
	avancée
	avancés
	avancées

8 – MANGER

INDICATIF	
Présent	**Passé composé**
je mange	j'ai mangé
tu manges	tu as mangé
il mange	il a mangé
nous mangeons	nous avons mangé
vous mangez	vous avez mangé
ils mangent	ils ont mangé
Imparfait	**Plus-que-parfait**
je mangeais	j'avais mangé
tu mangeais	tu avais mangé
il mangeait	il avait mangé
nous mangions	nous avions mangé
vous mangiez	vous aviez mangé
ils mangeaient	ils avaient mangé
Passé simple	**Passé antérieur**
je mangeai	j'eus mangé
tu mangeas	tu eus mangé
il mangea	il eut mangé
nous mangeâmes	nous eûmes mangé
vous mangeâtes	vous eûtes mangé
ils mangèrent	ils eurent mangé
Futur simple	**Futur antérieur**
je mangerai	j'aurai mangé
tu mangeras	tu auras mangé
il mangera	il aura mangé
nous mangerons	nous aurons mangé
vous mangerez	vous aurez mangé
ils mangeront	ils auront mangé
SUBJONCTIF	
Présent	**Passé**
que je mange	que j'aie mangé
que tu manges	que tu aies mangé
qu'il mange	qu'il ait mangé
que nous mangions	que nous ayons mangé
que vous mangiez	que vous ayez mangé
qu'ils mangent	qu'ils aient mangé

Imparfait	Plus-que-parfait
que je mangeasse	que j'eusse mangé
que tu mangeasses	que tu eusses mangé
qu'il mangeât	qu'il eût mangé
que nous mangeassions	que nous eussions mangé
que vous mangeassiez	que vous eussiez mangé
qu'ils mangeassent	qu'ils eussent mangé

CONDITIONNEL

Présent	Passé 1re forme
je mangerais	j'aurais mangé
tu mangerais	tu aurais mangé
il mangerait	il aurait mangé
nous mangerions	nous aurions mangé
vous mangeriez	vous auriez mangé
ils mangeraient	ils auraient mangé

Passé 2e forme	
j'eusse mangé	
tu eusses mangé	
il eût mangé	
nous eussions mangé	
vous eussiez mangé	
ils eussent mangé	

IMPÉRATIF

Présent	Passé
mange	aie mangé
mangeons	ayons mangé
mangez	ayez mangé

PARTICIPE

Présent	Passé
mangeant	mangé
	mangée
	mangés
	mangées

9 – CRÉER

INDICATIF	
Présent	**Passé composé**
je crée	j'ai créé
tu crées	tu as créé
il crée	il a créé
nous créons	nous avons créé
vous créez	vous avez créé
ils créent	ils ont créé
Imparfait	**Plus-que-parfait**
je créais	j'avais créé
tu créais	tu avais créé
il créait	il avait créé
nous créions	nous avions créé
vous créiez	vous aviez créé
ils créaient	ils avaient créé
Passé simple	**Passé antérieur**
je créai	j'eus créé
tu créas	tu eus créé
il créa	il eut créé
nous créâmes	nous eûmes créé
vous créâtes	vous eûtes créé
ils créèrent	ils eurent créé
Futur simple	**Futur antérieur**
je créerai	j'aurai créé
tu créeras	tu auras créé
il créera	il aura créé
nous créerons	nous aurons créé
vous créerez	vous aurez créé
ils créeront	ils auront créé
SUBJONCTIF	
Présent	**Passé**
que je crée	que j'aie créé
que tu crées	que tu aies créé
qu'il crée	qu'il ait créé
que nous créions	que nous ayons créé
que vous créiez	que vous ayez créé
qu'ils créent	qu'ils aient créé

Imparfait	Plus-que-parfait
que je créasse	que j'eusse créé
que tu créasses	que tu eusses créé
qu'il créât	qu'il eût créé
que nous créassions	que nous eussions créé
que vous créassiez	que vous eussiez créé
qu'ils créassent	qu'ils eussent créé

CONDITIONNEL

Présent	Passé 1re forme
je créerais	j'aurais créé
tu créerais	tu aurais créé
il créerait	il aurait créé
nous créerions	nous aurions créé
vous créeriez	vous auriez créé
ils créeraient	ils auraient créé

Passé 2e forme	
j'eusse créé	
tu eusses créé	
il eût créé	
nous eussions créé	
vous eussiez créé	
ils eussent créé	

IMPÉRATIF

Présent	Passé
crée	aie créé
créons	ayons créé
créez	ayez créé

PARTICIPE

Présent	Passé
créant	créé
	créée
	créés
	créées

10 – ESSUYER

INDICATIF	
Présent	**Passé composé**
j'essuie	j'ai essuyé
tu essuies	tu as essuyé
il essuie	il a essuyé
nous essuyons	nous avons essuyé
vous essuyez	vous avez essuyé
ils essuient	ils ont essuyé
Imparfait	**Plus-que-parfait**
j'essuyais	j'avais essuyé
tu essuyais	tu avais essuyé
il essuyait	il avait essuyé
nous essuyions	nous avions essuyé
vous essuyiez	vous aviez essuyé
ils essuyaient	ils avaient essuyé
Passé simple	**Passé antérieur**
j'essuyai	j'eus essuyé
tu essuyas	tu eus essuyé
il essuya	il eut essuyé
nous essuyâmes	nous eûmes essuyé
vous essuyâtes	vous eûtes essuyé
ils essuyèrent	ils eurent essuyé
Futur simple	**Futur antérieur**
j'essuierai	j'aurai essuyé
tu essuieras	tu auras essuyé
il essuiera	il aura essuyé
nous essuierons	nous aurons essuyé
vous essuierez	vous aurez essuyé
ils essuieront	ils auront essuyé
SUBJONCTIF	
Présent	**Passé**
que j'essuie	que j'aie essuyé
que tu essuies	que tu aies essuyé
qu'il essuie	qu'il ait essuyé
que nous essuyions	que nous ayons essuyé
que vous essuyiez	que vous ayez essuyé
qu'ils essuient	qu'ils aient essuyé

Imparfait	Plus-que-parfait
que j'essuyasse	que j'eusse essuyé
que tu essuyasses	que tu eusses essuyé
qu'il essuyât	qu'il eût essuyé
que nous essuyassions	que nous eussions essuyé
que vous essuyassiez	que vous eussiez essuyé
qu'ils essuyassent	qu'ils eussent essuyé

CONDITIONNEL

Présent	Passé 1re forme
j'essuierais	j'aurais essuyé
tu essuierais	tu aurais essuyé
il essuierait	il aurait essuyé
nous essuierions	nous aurions essuyé
vous essuieriez	vous auriez essuyé
ils essuieraient	ils auraient essuyé

Passé 2e forme	
j'eusse essuyé	
tu eusses essuyé	
il eût essuyé	
nous eussions essuyé	
vous eussiez essuyé	
ils eussent essuyé	

IMPÉRATIF

Présent	Passé
essuie	aie essuyé
essuyons	ayons essuyé
essuyez	ayez essuyé

PARTICIPE

Présent	Passé
essuyant	essuyé
	essuyée
	essuyés
	essuyées

11 – ENVOYER

INDICATIF	
Présent	**Passé composé**
j'envoie tu envoies il envoie nous envoyons vous envoyez ils envoient	j'ai envoyé tu as envoyé il a envoyé nous avons envoyé vous avez envoyé ils ont envoyé
Imparfait	**Plus-que-parfait**
j'envoyais tu envoyais il envoyait nous envoyions vous envoyiez ils envoyaient	j'avais envoyé tu avais envoyé il avait envoyé nous avions envoyé vous aviez envoyé ils avaient envoyé
Passé simple	**Passé antérieur**
j'envoyai tu envoyas il envoya nous envoyâmes vous envoyâtes ils envoyèrent	j'eus envoyé tu eus envoyé il eut envoyé nous eûmes envoyé vous eûtes envoyé ils eurent envoyé
Futur simple	**Futur antérieur**
j'enverrai tu enverras il enverra nous enverrons vous enverrez ils enverront	j'aurai envoyé tu auras envoyé il aura envoyé nous aurons envoyé vous aurez envoyé ils auront envoyé
SUBJONCTIF	
Présent	**Passé**
que j'envoie que tu envoies qu'il envoie que nous envoyions que vous envoyiez qu'ils envoient	que j'aie envoyé que tu aies envoyé qu'il ait envoyé que nous ayons envoyé que vous ayez envoyé qu'ils aient envoyé

Imparfait	Plus-que-parfait
que j'envoyasse	que j'eusse envoyé
que tu envoyasses	que tu eusses envoyé
qu'il envoyât	qu'il eût envoyé
que nous envoyassions	que nous eussions envoyé
que vous envoyassiez	que vous eussiez envoyé
qu'ils envoyassent	qu'ils eussent envoyé

CONDITIONNEL

Présent	Passé 1re forme
j'enverrais	j'aurais envoyé
tu enverrais	tu aurais envoyé
il enverrait	il aurait envoyé
nous enverrions	nous aurions envoyé
vous enverriez	vous auriez envoyé
ils enverraient	ils auraient envoyé

Passé 2e forme	
j'eusse envoyé	
tu eusses envoyé	
il eût envoyé	
nous eussions envoyé	
vous eussiez envoyé	
ils eussent envoyé	

IMPÉRATIF

Présent	Passé
envoie	aie envoyé
envoyons	ayons envoyé
envoyez	ayez envoyé

PARTICIPE

Présent	Passé
envoyant	envoyé
	envoyée
	envoyés
	envoyées

12 – PAYER

– verbes qui admettent soit « y » ou « i » devant un « e » muet

INDICATIF	
Présent	**Passé composé**
je paie tu paies il paie nous payons vous payez ils paient	j'ai payé tu as payé il a payé nous avons payé vous avez payé ils ont payé
Imparfait	**Plus-que-parfait**
je payais tu payais il payait nous payions vous payiez ils payaient	j'avais payé tu avais payé il avait payé nous avions payé vous aviez payé ils avaient payé
Passé simple	**Passé antérieur**
je payai tu payas il paya nous payâmes vous payâtes ils payèrent	j'eus payé tu eus payé il eut payé nous eûmes payé vous eûtes payé ils eurent payé
Futur simple	**Futur antérieur**
je paierai tu paieras il paiera nous paierons vous paierez ils paieront	j'aurai payé tu auras payé il aura payé nous aurons payé vous aurez payé ils auront payé

SUBJONCTIF	
Présent	**Passé**
que je paie	que j'aie payé
que tu paies	que tu aies payé
qu'il paie	qu'il ait payé
que nous payions	que nous ayons payé
que vous payiez	que vous ayez payé
qu'ils paient	qu'ils aient payé
Imparfait	**Plus-que-parfait**
que je payasse	que j'eusse payé
que tu payasses	que tu eusses payé
qu'il payât	qu'il eût payé
que nous payassions	que nous eussions payé
que vous payassiez	que vous eussiez payé
qu'ils payassent	qu'ils eussent payé
CONDITIONNEL	
Présent	**Passé 1re forme**
je paierais	j'aurais payé
tu paierais	tu aurais payé
il paierait	il aurait payé
nous paierions	nous aurions payé
vous paieriez	vous auriez payé
ils paieraient	ils auraient payé
Passé 2e forme	
j'eusse payé	
tu eusses payé	
il eût payé	
nous eussions payé	
vous eussiez payé	
ils eussent payé	
IMPÉRATIF	
Présent	**Passé**
paie	aie payé
payons	ayons payé
payez	ayez payé
PARTICIPE	
Présent	**Passé**
payant	payé
	payée
	payés
	payées

13 – NIER

INDICATIF	
Présent	**Passé composé**
je nie	j'ai nié
tu nies	tu as nié
il nie	il a nié
nous nions	nous avons nié
vous niez	vous avez nié
ils nient	ils ont nié
Imparfait	**Plus-que-parfait**
je niais	j'avais nié
tu niais	tu avais nié
il niait	il avait nié
nous niions	nous avions nié
vous niiez	vous aviez nié
ils niaient	ils avaient nié
Passé simple	**Passé antérieur**
je niai	j'eus nié
tu nias	tu eus nié
il nia	il eut nié
nous niâmes	nous eûmes nié
vous niâtes	vous eûtes nié
ils nièrent	ils eurent nié
Futur simple	**Futur antérieur**
je nierai	j'aurai nié
tu nieras	tu auras nié
il niera	il aura nié
nous nierons	nous aurons nié
vous nierez	vous aurez nié
ils nieront	ils auront nié
SUBJONCTIF	
Présent	**Passé**
que je nie	que j'aie nié
que tu nies	que tu aies nié
qu'il nie	qu'il ait nié
que nous niions	que nous ayons nié
que vous niiez	que vous ayez nié
qu'ils nient	qu'ils aient nié

Imparfait	Plus-que-parfait
que je niasse	que j'eusse nié
que tu niasses	que tu eusses nié
qu'il niât	qu'il eût nié
que nous niassions	que nous eussions nié
que vous niassiez	que vous eussiez nié
qu'ils niassent	qu'ils eussent nié

CONDITIONNEL	
Présent	**Passé 1re forme**
je nierais	j'aurais nié
tu nierais	tu aurais nié
il nierait	il aurait nié
nous nierions	nous aurions nié
vous nieriez	vous auriez nié
ils nieraient	ils auraient nié
Passé 2e forme	
j'eusse nié	
tu eusses nié	
il eût nié	
nous eussions nié	
vous eussiez nié	
ils eussent nié	

IMPÉRATIF	
Présent	**Passé**
nie	aie nié
nions	ayons nié
niez	ayez nié

PARTICIPE	
Présent	**Passé**
niant	nié
	niée
	niés
	niées

14 – APPELER

– Sauf exception, la plupart des verbes qui se terminent par – eler et –eter doublent la consonne « t » ou « l » devant un « e » muet

INDICATIF	
Présent	**Passé composé**
j'appelle	j'ai appelé
tu appelles	tu as appelé
il appelle	il a appelé
nous appelons	nous avons appelé
vous appelez	vous avez appelé
ils appellent	ils ont appelé
Imparfait	**Plus-que-parfait**
j'appelais	j'avais appelé
tu appelais	tu avais appelé
il appelait	il avait appelé
nous appelions	nous avions appelé
vous appeliez	vous aviez appelé
ils appelaient	ils avaient appelé
Passé simple	**Passé antérieur**
j'appelai	j'eus appelé
tu appelas	tu eus appelé
il appela	il eut appelé
nous appelâmes	nous eûmes appelé
vous appelâtes	vous eûtes appelé
ils appelèrent	ils eurent appelé
Futur simple	**Futur antérieur**
j'appellerai	j'aurai appelé
tu appelleras	tu auras appelé
il appellera	il aura appelé
nous appellerons	nous aurons appelé
vous appellerez	vous aurez appelé
ils appelleront	ils auront appelé

SUBJONCTIF	
Présent	**Passé**
que j'appelle	que j'aie appelé
que tu appelles	que tu aies appelé
qu'il appelle	qu'il ait appelé
que nous appelions	que nous ayons appelé
que vous appeliez	que vous ayez appelé
qu'ils appellent	qu'ils aient appelé
Imparfait	**Plus-que-parfait**
que j'appelasse	que j'eusse appelé
que tu appelasses	que tu eusses appelé
qu'il appelât	qu'il eût appelé
que nous appelassions	que nous eussions appelé
que vous appelassiez	que vous eussiez appelé
qu'ils appelassent	qu'ils eussent appelé

CONDITIONNEL	
Présent	**Passé 1re forme**
j'appellerais	j'aurais appelé
tu appellerais	tu aurais appelé
il appellerait	il aurait appelé
nous appellerions	nous aurions appelé
vous appelleriez	vous auriez appelé
ils appelleraient	ils auraient appelé
Passé 2e forme	
j'eusse appelé	
tu eusses appelé	
il eût appelé	
nous eussions appelé	
vous eussiez appelé	
ils eussent appelé	

IMPÉRATIF	
Présent	**Passé**
appelle	aie appelé
appelons	ayons appelé
appelez	ayez appelé

PARTICIPE	
Présent	**Passé**
appelant	appelé
	appelée
	appelés
	appelées

15 – ACHETER

- même conjugaison pour geler, haleter, modeler, déman-
  teler, harceler...
- particularité : ces verbes ne doublent pas leur consonne
  –l ou –t devant un « e » muet mais prennent un « è »
  devant cette consonne

INDICATIF	
Présent	**Passé composé**
j'achète	j'ai acheté
tu achètes	tu as acheté
il achète	il a acheté
nous achetons	nous avons acheté
vous achetez	vous avez acheté
ils achètent	ils ont acheté
Imparfait	**Plus-que-parfait**
j'achetais	j'avais acheté
tu achetais	tu avais acheté
il achetait	il avait acheté
nous achetions	nous avions acheté
vous achetiez	vous aviez acheté
ils achetaient	ils avaient acheté
Passé simple	**Passé antérieur**
j'achetai	j'eus acheté
tu achetas	tu eus acheté
il acheta	il eut acheté
nous achetâmes	nous eûmes acheté
vous achetâtes	vous eûtes acheté
ils achetèrent	ils eurent acheté
Futur simple	**Futur antérieur**
j'achèterai	j'aurai acheté
tu achèteras	tu auras acheté
il achètera	il aura acheté
nous achèterons	nous aurons acheté
vous achèterez	vous aurez acheté
ils achèteront	ils auront acheté

SUBJONCTIF	
Présent	**Passé**
que j'achète	que j'aie acheté
que tu achètes	que tu aies acheté
qu'il achète	qu'il ait acheté
que nous achetions	que nous ayons acheté
que vous achetiez	que vous ayez acheté
qu'ils achètent	qu'ils aient acheté
Imparfait	**Plus-que-parfait**
que j'achetasse	que j'eusse acheté
que tu achetasses	que tu eusses acheté
qu'il achetât	qu'il eût acheté
que nous achetassions	que nous eussions acheté
que vous achetassiez	que vous eussiez acheté
qu'ils achetassent	qu'ils eussent acheté

CONDITIONNEL	
Présent	**Passé 1re forme**
j'achèterais	j'aurais acheté
tu achèterais	tu aurais acheté
il achèterait	il aurait acheté
nous achèterions	nous aurions acheté
vous achèteriez	vous auriez acheté
ils achèteraient	ils auraient acheté
Passé 2e forme	
j'eusse acheté	
tu eusses acheté	
il eût acheté	
nous eussions acheté	
vous eussiez acheté	
ils eussent acheté	

IMPÉRATIF	
Présent	**Passé**
achète	aie acheté
achetons	ayons acheté
achetez	ayez acheté

PARTICIPE	
Présent	**Passé**
achetant	acheté
	achetée
	achetés
	achetées

16 – LEVER

INDICATIF	
Présent	**Passé composé**
je lève	j'ai levé
tu lèves	tu as levé
il lève	il a levé
nous levons	nous avons levé
vous levez	vous avez levé
ils lèvent	ils ont levé
Imparfait	**Plus-que-parfait**
je levais	j'avais levé
tu levais	tu avais levé
il levait	il avait levé
nous levions	nous avions levé
vous leviez	vous aviez levé
ils levaient	ils avaient levé
Passé simple	**Passé antérieur**
je levai	j'eus levé
tu levas	tu eus levé
il leva	il eut levé
nous levâmes	nous eûmes levé
vous levâtes	vous eûtes levé
ils levèrent	ils eurent levé
Futur simple	**Futur antérieur**
je lèverai	j'aurai levé
tu lèveras	tu auras levé
il lèvera	il aura levé
nous lèverons	nous aurons levé
vous lèverez	vous aurez levé
ils lèveront	ils auront levé
SUBJONCTIF	
Présent	**Passé**
que je lève	que j'aie levé
que tu lèves	que tu aies levé
qu'il lève	qu'il ait levé
que nous levions	que nous ayons levé
que vous leviez	que vous ayez levé
qu'ils lèvent	qu'ils aient levé

Imparfait	Plus-que-parfait
que je levasse	que j'eusse levé
que tu levasses	que tu eusses levé
qu'il levât	qu'il eût levé
que nous levassions	que nous eussions levé
que vous levassiez	que vous eussiez levé
qu'ils levassent	qu'ils eussent levé

CONDITIONNEL

Présent	Passé 1re forme
je lèverais	j'aurais levé
tu lèverais	tu aurais levé
il lèverait	il aurait levé
nous lèverions	nous aurions levé
vous lèveriez	vous auriez levé
ils lèveraient	ils auraient levé

Passé 2e forme	
j'eusse levé	
tu eusses levé	
il eût levé	
nous eussions levé	
vous eussiez levé	
ils eussent levé	

IMPÉRATIF

Présent	Passé
lève	aie levé
levons	ayons levé
levez	ayez levé

PARTICIPE

Présent	Passé
levant	levé
	levée
	levés
	levées

17 – CÉDER

- modèle suivi par tous les verbes qui ont un « é » à l'avant-dernière syllabe de l'infinitif : espérer, répéter, célébrer, régler, exagérer, aérer...
- particularité : le « é » devient « è » devant une terminaison en « e » muet
- NB : au futur simple et au conditionnel présent, ces verbes gardent leur « é »

INDICATIF	
Présent	**Passé composé**
je cède	j'ai cédé
tu cèdes	tu as cédé
il cède	il a cédé
nous cédons	nous avons cédé
vous cédez	vous avez cédé
ils cèdent	ils ont cédé
Imparfait	**Plus-que-parfait**
je cédais	j'avais cédé
tu cédais	tu avais cédé
il cédait	il avait cédé
nous cédions	nous avions cédé
vous cédiez	vous aviez cédé
ils cédaient	ils avaient cédé
Passé simple	**Passé antérieur**
je cédai	j'eus cédé
tu cédas	tu eus cédé
il céda	il eut cédé
nous cédâmes	nous eûmes cédé
vous cédâtes	vous eûtes cédé
ils cédèrent	ils eurent cédé
Futur simple	**Futur antérieur**
je céderai	j'aurai cédé
tu céderas	tu auras cédé
il cédera	il aura cédé
nous céderons	nous aurons cédé
vous céderez	vous aurez cédé
ils céderont	ils auront cédé

SUBJONCTIF	
Présent	**Passé**
que je cède	que j'aie cédé
que tu cèdes	que tu aies cédé
qu'il cède	qu'il ait cédé
que nous cédions	que nous ayons cédé
que vous cédiez	que vous ayez cédé
qu'ils cèdent	qu'ils aient cédé
Imparfait	**Plus-que-parfait**
que je cédasse	que j'eusse cédé
que tu cédasses	que tu eusses cédé
qu'il cédât	qu'il eût cédé
que nous cédassions	que nous eussions cédé
que vous cédassiez	que vous eussiez cédé
qu'ils cédassent	qu'ils eussent cédé

CONDITIONNEL	
Présent	**Passé 1re forme**
je céderais	j'aurais cédé
tu céderais	tu aurais cédé
il céderait	il aurait cédé
nous céderions	nous aurions cédé
vous céderiez	vous auriez cédé
ils céderaient	ils auraient cédé
Passé 2e forme	
j'eusse cédé	
tu eusses cédé	
il eût cédé	
nous eussions cédé	
vous eussiez cédé	
ils eussent cédé	

IMPÉRATIF	
Présent	**Passé**
cède	aie cédé
cédons	ayons cédé
cédez	ayez cédé

PARTICIPE	
Présent	**Passé**
cédant	cédé
	cédée
	cédés
	cédées

18 – FINIR

– le verbe maudire se conjugue sur ce modèle malgré son
infinitif en –ire

INDICATIF	
Présent	**Passé composé**
je finis	j'ai fini
tu finis	tu as fini
il finit	il a fini
nous finissons	nous avons fini
vous finissez	vous avez fini
ils finissent	ils ont fini
Imparfait	**Plus-que-parfait**
je finissais	j'avais fini
tu finissais	tu avais fini
il finissait	il avait fini
nous finissions	nous avions fini
vous finissiez	vous aviez fini
ils finissaient	ils avaient fini
Passé simple	**Passé antérieur**
je finis	j'eus fini
tu finis	tu eus fini
il finit	il eut fini
nous finîmes	nous eûmes fini
vous finîtes	vous eûtes fini
ils finirent	ils eurent fini
Futur simple	**Futur antérieur**
je finirai	j'aurai fini
tu finiras	tu auras fini
il finira	il aura fini
nous finirons	nous aurons fini
vous finirez	vous aurez fini
ils finiront	ils auront fini

SUBJONCTIF

Présent	Passé
que je finisse	que j'aie fini
que tu finisses	que tu aies fini
qu'il finisse	qu'il ait fini
que nous finissions	que nous ayons fini
que vous finissiez	que vous ayez fini
qu'ils finissent	qu'ils aient fini

Imparfait	Plus-que-parfait
que je finisse	que j'eusse fini
que tu finisses	que tu eusses fini
qu'il finît	qu'il eût fini
que nous finissions	que nous eussions fini
que vous finissiez	que vous eussiez fini
qu'ils finissent	qu'ils eussent fini

CONDITIONNEL

Présent	Passé 1re forme
je finirais	j'aurais fini
tu finirais	tu aurais fini
il finirait	il aurait fini
nous finirions	nous aurions fini
vous finiriez	vous auriez fini
ils finiraient	ils auraient fini

Passé 2e forme	
j'eusse fini	
tu eusses fini	
il eût fini	
nous eussions fini	
vous eussiez fini	
ils eussent fini	

IMPÉRATIF

Présent	Passé
finis	aie fini
finissons	ayons fini
finissez	ayez fini

PARTICIPE

Présent	Passé
finissant	fini
	finie
	finis
	finies

19 – HAÏR

INDICATIF	
Présent	**Passé composé**
je hais	j'ai haï
tu hais	tu as haï
il hait	il a haï
nous haïssons	nous avons haï
vous haïssez	vous avez haï
ils haïssent	ils ont haï
Imparfait	**Plus-que-parfait**
je haïssais	j'avais haï
tu haïssais	tu avais haï
il haïssait	il avait haï
nous haïssions	nous avions haï
vous haïssiez	vous aviez haï
ils haïssaient	ils avaient haï
Passé simple	**Passé antérieur**
je haïs	j'eus haï
tu haïs	tu eus haï
il haït	il eut haï
nous haïmes	nous eûmes haï
vous haïtes	vous eûtes haï
ils haïrent	ils eurent haï
Futur simple	**Futur antérieur**
je haïrai	j'aurai haï
tu haïras	tu auras haï
il haïra	il aura haï
nous haïrons	nous aurons haï
vous haïrez	vous aurez haï
ils haïront	ils auront haï
SUBJONCTIF	
Présent	**Passé**
que je haïsse	que j'aie haï
que tu haïsses	que tu aies haï
qu'il haïsse	qu'il ait haï
que nous haïssions	que nous ayons haï
que vous haïssiez	que vous ayez haï
qu'ils haïssent	qu'ils aient haï

Imparfait	Plus-que-parfait
que je haïsse	que j'eusse haï
que tu haïsses	que tu eusses haï
qu'il haït	qu'il eût haï
que nous haïssions	que nous eussions haï
que vous haïssiez	que vous eussiez haï
qu'ils haïssent	qu'ils eussent haï

CONDITIONNEL

Présent	Passé 1re forme
je haïrais	j'aurais haï
tu haïrais	tu aurais haï
il haïrait	il aurait haï
nous haïrions	nous aurions haï
vous haïriez	vous auriez haï
ils haïraient	ils auraient haï

Passé 2e forme	
j'eusse haï	
tu eusses haï	
il eût haï	
nous eussions haï	
vous eussiez haï	
ils eussent haï	

IMPÉRATIF

Présent	Passé
hais	aie haï
haïssons	ayons haï
haïssez	ayez haï

PARTICIPE

Présent	Passé
haïssant	haï
	haïe
	haïs
	haïes

20 – ALLER

- infinitif passé : être allé
- seul verbe du 3e groupe dont l'infinitif se termine en
  –er

INDICATIF	
Présent	**Passé composé**
je vais	je suis allé
tu vas	tu es allé
il va	il est allé
nous allons	nous sommes allés
vous allez	vous êtes allés
ils vont	ils sont allés
Imparfait	**Plus-que-parfait**
j'allais	j'étais allé
tu allais	tu étais allé
il allait	il était allé
nous allions	nous étions allés
vous alliez	vous étiez allés
ils allaient	ils étaient allés
Passé simple	**Passé antérieur**
j'allai	je fus allé
tu allas	tu fus allé
il alla	il fut allé
nous allâmes	nous fûmes allés
vous allâtes	vous fûtes allés
ils allèrent	ils furent allés
Futur simple	**Futur antérieur**
j'irai	je serai allé
tu iras	tu seras allé
il ira	il sera allé
nous irons	nous serons allés
vous irez	vous serez allés
ils iront	ils seront allés

SUBJONCTIF	
Présent	**Passé**
que j'aille	que je sois allé
que tu ailles	que tu sois allé
qu'il aille	qu'il soit allé
que nous allions	que nous soyons allés
que vous alliez	que vous soyez allés
qu'ils aillent	qu'ils soient allés
Imparfait	**Plus-que-parfait**
que j'allasse	que je fusse allé
que tu allasses	que tu fusses allé
qu'il allât	qu'il fût allé
que nous allassions	que nous fussions allés
que vous allassiez	que vous fussiez allés
qu'ils allassent	qu'ils fussent allés

CONDITIONNEL	
Présent	**Passé 1re forme**
j'irais	je serais allé
tu irais	tu serais allé
il irait	il serait allé
nous irions	nous serions allés
vous iriez	vous seriez allés
ils iraient	ils seraient allés
Passé 2e forme	
je fusse allé	
tu fusses allé	
il fût allé	
nous fussions allés	
vous fussiez allés	
ils fussent allés	

IMPÉRATIF	
Présent	**Passé**
va	sois allé
allons	soyons allés
allez	soyez allés

PARTICIPE	
Présent	**Passé**
allant	allé
	allée
	allés
	allées

21 – VENIR

- tous les dérivés de ce verbe se conjuguent sur ce modèle (convenir, devenir, se souvenir...). Le verbe tenir et ses dérivés également (s'abstenir, appartenir, contenir, obtenir...)
- le « n » double devant un « e » muet
- infinitif passé : être venu

INDICATIF	
Présent	**Passé composé**
je viens	je suis venu
tu viens	tu es venu
il vient	il est venu
nous venons	nous sommes venus
vous venez	vous êtes venus
ils viennent	ils sont venus
Imparfait	**Plus-que-parfait**
je venais	j'étais venu
tu venais	tu étais venu
il venait	il était venu
nous venions	nous étions venus
vous veniez	vous étiez venus
ils venaient	ils étaient venus
Passé simple	**Passé antérieur**
je vins	je fus venu
tu vins	tu fus venu
il vint	il fut venu
nous vînmes	nous fûmes venus
vous vîntes	vous fûtes venus
ils vinrent	ils furent venus
Futur simple	**Futur antérieur**
je viendrai	je serai venu
tu viendras	tu seras venu
il viendra	il sera venu
nous viendrons	nous serons venus
vous viendrez	vous serez venus
ils viendront	ils seront venus

SUBJONCTIF	
Présent	**Passé**
que je vienne	que je sois venu
que tu viennes	que tu sois venu
qu'il vienne	qu'il soit venu
que nous venions	que nous soyons venus
que vous veniez	que vous soyez venus
qu'ils viennent	qu'ils soient venus
Imparfait	**Plus-que-parfait**
que je vinsse	que je fusse venu
que tu vinsses	que tu fusses venu
qu'il vînt	qu'il fût venu
que nous vinssions	que nous fussions venus
que vous vinssiez	que vous fussiez venus
qu'ils vinssent	qu'ils fussent venus

CONDITIONNEL	
Présent	**Passé 1re forme**
je viendrais	je serais venu
tu viendrais	tu serais venu
il viendrait	il serait venu
nous viendrions	nous serions venus
vous viendriez	vous seriez venus
ils viendraient	ils seraient venus
Passé 2e forme	
je fusse venu	
tu fusses venu	
il fût venu	
nous fussions venus	
vous fussiez venus	
ils fussent venus	

IMPÉRATIF	
Présent	**Passé**
viens	sois venu
venons	soyons venus
venez	soyez venus

PARTICIPE	
Présent	**Passé**
venant	venu
	venue
	venus
	venues

22 – ACQUÉRIR

– le « r » double au futur simple de l'indicatif et au conditionnel présent

INDICATIF	
Présent	**Passé composé**
j'acquiers	j'ai acquis
tu acquiers	tu as acquis
il acquiert	il a acquis
nous acquérons	nous avons acquis
vous acquérez	vous avez acquis
ils acquièrent	ils ont acquis
Imparfait	**Plus-que-parfait**
j'acquérais	j'avais acquis
tu acquérais	tu avais acquis
il acquérait	il avait acquis
nous acquérions	nous avions acquis
vous acquériez	vous aviez acquis
ils acquéraient	ils avaient acquis
Passé simple	**Passé antérieur**
j'acquis	j'eus acquis
tu acquis	tu eus acquis
il acquit	il eut acquis
nous acquîmes	nous eûmes acquis
vous acquîtes	vous eûtes acquis
ils acquirent	ils eurent acquis
Futur simple	**Futur antérieur**
j'acquerrai	j'aurai acquis
tu acquerras	tu auras acquis
il acquerra	il aura acquis
nous acquerrons	nous aurons acquis
vous acquerrez	vous aurez acquis
ils acquerront	ils auront acquis

SUBJONCTIF	
Présent	**Passé**
que j'acquière	que j'aie acquis
que tu acquières	que tu aies acquis
qu'il acquière	qu'il ait acquis
que nous acquérions	que nous ayons acquis
que vous acquériez	que vous ayez acquis
qu'ils acquièrent	qu'ils aient acquis
Imparfait	**Plus-que-parfait**
que j'acquisse	que j'eusse acquis
que tu acquisses	que tu eusses acquis
qu'il acquît	qu'il eût acquis
que nous acquissions	que nous eussions acquis
que vous acquissiez	que vous eussiez acquis
qu'ils acquissent	qu'ils eussent acquis

CONDITIONNEL	
Présent	**Passé 1re forme**
j'acquerrais	j'aurais acquis
tu acquerrais	tu aurais acquis
il acquerrait	il aurait acquis
nous acquerrions	nous aurions acquis
vous acquerriez	vous auriez acquis
ils acquerraient	ils auraient acquis
Passé 2e forme	
j'eusse acquis	
tu eusses acquis	
il eût acquis	
nous eussions acquis	
vous eussiez acquis	
ils eussent acquis	

IMPÉRATIF	
Présent	**Passé**
acquiers	aie acquis
acquérons	ayons acquis
acquérez	ayez acquis

PARTICIPE	
Présent	**Passé**
acquérant	acquis
	acquise
	acquis
	acquises

23 – MENTIR

– modèle suivi par le verbe dormir et ses dérivés

INDICATIF	
Présent	**Passé composé**
je mens tu mens il ment nous mentons vous mentez ils mentent	j'ai menti tu as menti il a menti nous avons menti vous avez menti ils ont menti
Imparfait	**Plus-que-parfait**
je mentais tu mentais il mentait nous mentions vous mentiez ils mentaient	j'avais menti tu avais menti il avait menti nous avions menti vous aviez menti ils avaient menti
Passé simple	**Passé antérieur**
je mentis tu mentis il mentit nous mentîmes vous mentîtes ils mentirent	j'eus menti tu eus menti il eut menti nous eûmes menti vous eûtes menti ils eurent menti
Futur simple	**Futur antérieur**
je mentirai tu mentiras il mentira nous mentirons vous mentirez ils mentiront	j'aurai menti tu auras menti il aura menti nous aurons menti vous aurez menti ils auront menti

SUBJONCTIF	
Présent	**Passé**
que je mente	que j'aie menti
que tu mentes	que tu aies menti
qu'il mente	qu'il ait menti
que nous mentions	que nous ayons menti
que vous mentiez	que vous ayez menti
qu'ils mentent	qu'ils aient menti
Imparfait	**Plus-que-parfait**
que je mentisse	que j'eusse menti
que tu mentisses	que tu eusses menti
qu'il mentît	qu'il eût menti
que nous mentissions	que nous eussions menti
que vous mentissiez	que vous eussiez menti
qu'ils mentissent	qu'ils eussent menti

CONDITIONNEL	
Présent	**Passé 1re forme**
je mentirais	j'aurais menti
tu mentirais	tu aurais menti
il mentirait	il aurait menti
nous mentirions	nous aurions menti
vous mentiriez	vous auriez menti
ils mentiraient	ils auraient menti
Passé 2e forme	
j'eusse menti	
tu eusses menti	
il eût menti	
nous eussions menti	
vous eussiez menti	
ils eussent menti	

IMPÉRATIF	
Présent	**Passé**
mens	aie menti
mentons	ayons menti
mentez	ayez menti

PARTICIPE	
Présent	**Passé**
mentant	menti

24 – VÊTIR

- même conjugaison pour tous ces dérivés : dévêtir, revêtir et survêtir
- particularité : le « t » du radical est maintenu à toutes les personnes

INDICATIF	
Présent	**Passé composé**
je vêts	j'ai vêtu
tu vêts	tu as vêtu
il vêt	il a vêtu
nous vêtons	nous avons vêtu
vous vêtez	vous avez vêtu
ils vêtent	ils ont vêtu
Imparfait	**Plus-que-parfait**
je vêtais	j'avais vêtu
tu vêtais	tu avais vêtu
il vêtait	il avait vêtu
nous vêtions	nous avions vêtu
vous vêtiez	vous aviez vêtu
ils vêtaient	ils avaient vêtu
Passé simple	**Passé antérieur**
je vêtis	j'eus vêtu
tu vêtis	tu eus vêtu
il vêtit	il eut vêtu
nous vêtîmes	nous eûmes vêtu
vous vêtîtes	vous eûtes vêtu
ils vêtirent	ils eurent vêtu
Futur simple	**Futur antérieur**
je vêtirai	j'aurai vêtu
tu vêtiras	tu auras vêtu
il vêtira	il aura vêtu
nous vêtirons	nous aurons vêtu
vous vêtirez	vous aurez vêtu
ils vêtiront	ils auront vêtu

SUBJONCTIF	
Présent	**Passé**
que je vête	que j'aie vêtu
que tu vêtes	que tu aies vêtu
qu'il vête	qu'il ait vêtu
que nous vêtions	que nous ayons vêtu
que vous vêtiez	que vous ayez vêtu
qu'ils vêtent	qu'ils aient vêtu
Imparfait	**Plus-que-parfait**
que je vêtisse	que j'eusse vêtu
que tu vêtisses	que tu eusses vêtu
qu'il vêtît	qu'il eût vêtu
que nous vêtissions	que nous eussions vêtu
que vous vêtissiez	que vous eussiez vêtu
qu'ils vêtissent	qu'ils eussent vêtu

CONDITIONNEL	
Présent	**Passé 1re forme**
je vêtirais	j'aurais vêtu
tu vêtirais	tu aurais vêtu
il vêtirait	il aurait vêtu
nous vêtirions	nous aurions vêtu
vous vêtiriez	vous auriez vêtu
ils vêtiraient	ils auraient vêtu
Passé 2e forme	
j'eusse vêtu	
tu eusses vêtu	
il eût vêtu	
nous eussions vêtu	
vous eussiez vêtu	
ils eussent vêtu	

IMPÉRATIF	
Présent	**Passé**
vêts	aie vêtu
vêtons	ayons vêtu
vêtéz	ayez vêtu

PARTICIPE	
Présent	**Passé**
vêtant	vêtu
	vêtue
	vêtus
	vêtues

25 – COUVRIR

INDICATIF	
Présent	**Passé composé**
je couvre	j'ai couvert
tu couvres	tu as couvert
il couvre	il a couvert
nous couvrons	nous avons couvert
vous couvrez	vous avez couvert
ils couvrent	ils ont couvert
Imparfait	**Plus-que-parfait**
je couvrais	j'avais couvert
tu couvrais	tu avais couvert
il couvrait	il avait couvert
nous couvrions	nous avions couvert
vous couvriez	vous aviez couvert
ils couvraient	ils avaient couvert
Passé simple	**Passé antérieur**
je couvris	j'eus couvert
tu couvris	tu eus couvert
il couvrit	il eut couvert
nous couvrîmes	nous eûmes couvert
vous couvrîtes	vous eûtes couvert
ils couvrirent	ils eurent couvert
Futur simple	**Futur antérieur**
je couvrirai	j'aurai couvert
tu couvriras	tu auras couvert
il couvrira	il aura couvert
nous couvrirons	nous aurons couvert
vous couvrirez	vous aurez couvert
ils couvriront	ils auront couvert
SUBJONCTIF	
Présent	**Passé**
que je couvre	que j'aie couvert
que tu couvres	que tu aies couvert
qu'il couvre	qu'il ait couvert
que nous couvrions	que nous ayons couvert
que vous couvriez	que vous ayez couvert
qu'ils couvrent	qu'ils aient couvert

Imparfait	Plus-que-parfait
que je couvrisse	que j'eusse couvert
que tu couvrisses	que tu eusses couvert
qu'il couvrît	qu'il eût couvert
que nous couvrissions	que nous eussions couvert
que vous couvrissiez	que vous eussiez couvert
qu'ils couvrissent	qu'ils eussent couvert

CONDITIONNEL

Présent	Passé 1re forme
je couvrirais	j'aurais couvert
tu couvrirais	tu aurais couvert
il couvrirait	il aurait couvert
nous couvririons	nous aurions couvert
vous couvririez	vous auriez couvert
ils couvriraient	ils auraient couvert

Passé 2e forme	
j'eusse couvert	
tu eusses couvert	
il eût couvert	
nous eussions couvert	
vous eussiez couvert	
ils eussent couvert	

IMPÉRATIF

Présent	Passé
couvre	aie couvert
couvrons	ayons couvert
couvrez	ayez couvert

PARTICIPE

Présent	Passé
couvrant	couvert
	couverte
	couverts
	couvertes

26 – CUEILLIR

INDICATIF	
Présent	**Passé composé**
je cueille	j'ai cueilli
tu cueilles	tu as cueilli
il cueille	il a cueilli
nous cueillons	nous avons cueilli
vous cueillez	vous avez cueilli
ils cueillent	ils ont cueilli
Imparfait	**Plus-que-parfait**
je cueillais	j'avais cueilli
tu cueillais	tu avais cueilli
il cueillait	il avait cueilli
nous cueillions	nous avions cueilli
vous cueilliez	vous aviez cueilli
ils cueillaient	ils avaient cueilli
Passé simple	**Passé antérieur**
je cueillis	j'eus cueilli
tu cueillis	tu eus cueilli
il cueillit	il eut cueilli
nous cueillîmes	nous eûmes cueilli
vous cueillîtes	vous eûtes cueilli
ils cueillirent	ils eurent cueilli
Futur simple	**Futur antérieur**
je cueillerai	j'aurai cueilli
tu cueilleras	tu auras cueilli
il cueillera	il aura cueilli
nous cueillerons	nous aurons cueilli
vous cueillerez	vous aurez cueilli
ils cueilleront	ils auront cueilli
SUBJONCTIF	
Présent	**Passé**
que je cueille	que j'aie cueilli
que tu cueilles	que tu aies cueilli
qu'il cueille	qu'il ait cueilli
que nous cueillions	que nous ayons cueilli
que vous cueilliez	que vous ayez cueilli
qu'ils cueillent	qu'ils aient cueilli

Imparfait	Plus-que-parfait
que je cueillisse	que j'eusse cueilli
que tu cueillisses	que tu eusses cueilli
qu'il cueillît	qu'il eût cueilli
que nous cueillissions	que nous eussions cueilli
que vous cueillissiez	que vous eussiez cueilli
qu'ils cueillissent	qu'ils eussent cueilli

CONDITIONNEL

Présent	Passé 1re forme
je cueillerais	j'aurais cueilli
tu cueillerais	tu aurais cueilli
il cueillerait	il aurait cueilli
nous cueillerions	nous aurions cueilli
vous cueilleriez	vous auriez cueilli
ils cueilleraient	ils auraient cueilli

Passé 2e forme	
j'eusse cueilli	
tu eusses cueilli	
il eût cueilli	
nous eussions cueilli	
vous eussiez cueilli	
ils eussent cueilli	

IMPÉRATIF

Présent	Passé
cueille	aie cueilli
cueillons	ayons cueilli
cueillez	ayez cueilli

PARTICIPE

Présent	Passé
cueillant	cueilli
	cueillie
	cueillis
	cueillies

27 – ASSAILLIR

– même conjugaison pour tressaillir et défaillir

INDICATIF	
Présent	**Passé composé**
j'assaille tu assailles il assaille nous assaillons vous assaillez ils assaillent	j'ai assailli tu as assailli il a assailli nous avons assailli vous avez assailli ils ont assailli
Imparfait	**Plus-que-parfait**
j'assaillais tu assaillais il assaillait nous assaillions vous assailliez ils assaillaient	j'avais assailli tu avais assailli il avait assailli nous avions assailli vous aviez assailli ils avaient assailli
Passé simple	**Passé antérieur**
j'assaillis tu assaillis il assaillit nous assaillîmes vous assaillîtes ils assaillirent	j'eus assailli tu eus assailli il eut assailli nous eûmes assailli vous eûtes assailli ils eurent assailli
Futur simple	**Futur antérieur**
j'assaillirai tu assailliras il assaillira nous assaillirons vous assaillirez ils assailliront	j'aurai assailli tu auras assailli il aura assailli nous aurons assailli vous aurez assailli ils auront assailli

SUBJONCTIF	
Présent	**Passé**
que j'assaille	que j'aie assailli
que tu assailles	que tu aies assailli
qu'il assaille	qu'il ait assailli
que nous assaillions	que nous ayons assailli
que vous assailliez	que vous ayez assailli
qu'ils assaillent	qu'ils aient assailli
Imparfait	**Plus-que-parfait**
que j'assaillisse	que j'eusse assailli
que tu assaillisses	que tu eusses assailli
qu'il assaillît	qu'il eût assailli
que nous assaillissions	que nous eussions assailli
que vous assaillissiez	que vous eussiez assailli
qu'ils assaillissent	qu'ils eussent assailli

CONDITIONNEL	
Présent	Passé 1re forme
j'assaillirais	j'aurais assailli
tu assaillirais	tu aurais assailli
il assaillirait	il aurait assailli
nous assaillirions	nous aurions assailli
vous assailliriez	vous auriez assailli
ils assailliraient	ils auraient assailli
Passé 2e forme	
j'eusse assailli	
tu eusses assailli	
il eût assailli	
nous eussions assailli	
vous eussiez assailli	
ils eussent assailli	

IMPÉRATIF	
Présent	**Passé**
assaille	aie assailli
assaillons	ayons assailli
assaillez	ayez assailli

PARTICIPE	
Présent	**Passé**
assaillant	assailli
	assaillie
	assaillis
	assaillies

28 – BOUILLIR

INDICATIF	
Présent	**Passé composé**
je bous	j'ai bouilli
tu bous	tu as bouilli
il bout	il a bouilli
nous bouillons	nous avons bouilli
vous bouillez	vous avez bouilli
ils bouillent	ils ont bouilli
Imparfait	**Plus-que-parfait**
je bouillais	j'avais bouilli
tu bouillais	tu avais bouilli
il bouillait	il avait bouilli
nous bouillions	nous avions bouilli
vous bouilliez	vous aviez bouilli
ils bouillaient	ils avaient bouilli
Passé simple	**Passé antérieur**
je bouillis	j'eus bouilli
tu bouillis	tu eus bouilli
il bouillit	il eut bouilli
nous bouillîmes	nous eûmes bouilli
vous bouillîtes	vous eûtes bouilli
ils bouillirent	ils eurent bouilli
Futur simple	**Futur antérieur**
je bouillirai	j'aurai bouilli
tu bouilliras	tu auras bouilli
il bouillira	il aura bouilli
nous bouillirons	nous aurons bouilli
vous bouillirez	vous aurez bouilli
ils bouilliront	ils auront bouilli
SUBJONCTIF	
Présent	**Passé**
que je bouille	que j'aie bouilli
que tu bouilles	que tu aies bouilli
qu'il bouille	qu'il ait bouilli
que nous bouillions	que nous ayons bouilli
que vous bouilliez	que vous ayez bouilli
qu'ils bouillent	qu'ils aient bouilli

Imparfait	Plus-que-parfait
que je bouillisse	que j'eusse bouilli
que tu bouillisses	que tu eusses bouilli
qu'il bouillît	qu'il eût bouilli
que nous bouillissions	que nous eussions bouilli
que vous bouillissiez	que vous eussiez bouilli
qu'ils bouillissent	qu'ils eussent bouilli

CONDITIONNEL

Présent	Passé 1re forme
je bouillirais	j'aurais bouilli
tu bouillirais	tu aurais bouilli
il bouillirait	il aurait bouilli
nous bouillirions	nous aurions bouilli
vous bouilliriez	vous auriez bouilli
ils bouilliraient	ils auraient bouilli

Passé 2e forme	
j'eusse bouilli	
tu eusses bouilli	
il eût bouilli	
nous eussions bouilli	
vous eussiez bouilli	
ils eussent bouilli	

IMPÉRATIF

Présent	Passé
bous	aie bouilli
bouillons	ayons bouilli
bouillez	ayez bouilli

PARTICIPE

Présent	Passé
bouillant	bouilli
	bouillie
	bouillis
	bouillies

29 – FAILLIR

– les formes en italique sont désuètes et très peu
  employées

INDICATIF	
Présent	**Passé composé**
je faux	j'ai failli
tu faux	tu as failli
il faut	il a failli
nous faillons	nous avons failli
vous faillez	vous avez failli
ils faillent	ils ont failli
Imparfait	**Plus-que-parfait**
je faillais	j'avais failli
tu faillais	tu avais failli
il faillait	il avait failli
nous faillions	nous avions failli
vous failliez	vous aviez failli
ils faillaient	ils avaient failli
Passé simple	**Passé antérieur**
je faillis	j'eus failli
tu faillis	tu eus failli
il faillit	il eut failli
nous faillîmes	nous eûmes failli
vous faillîtes	vous eûtes failli
ils faillirent	ils eurent failli
Futur simple	**Futur antérieur**
je faillirai	j'aurai failli
tu failliras	tu auras failli
il faillira	il aura failli
nous faillirons	nous aurons failli
vous faillirez	vous aurez failli
ils failliront	ils auront failli

SUBJONCTIF	
Présent	**Passé**
que je *faille*	que j'aie failli
que tu *failles*	que tu aies failli
qu'il *faille*	qu'il ait failli
que nous *faillions*	que nous ayons failli
que vous *failliez*	que vous ayez failli
qu'ils *faillent*	qu'ils aient failli
Imparfait	**Plus-que-parfait**
que je faillisse	que j'eusse failli
que tu faillisses	que tu eusses failli
qu'il faillît	qu'il eût failli
que nous faillissions	que nous eussions failli
que vous faillissiez	que vous eussiez failli
qu'ils faillissent	qu'ils eussent failli

CONDITIONNEL	
Présent	**Passé 1re forme**
je faillirais	j'aurais failli
tu faillirais	tu aurais failli
il faillirait	il aurait failli
nous faillirions	nous aurions failli
vous failliriez	vous auriez failli
ils failliraient	ils auraient failli
Passé 2e forme	
j'eusse failli	
tu eusses failli	
il eût failli	
nous eussions failli	
vous eussiez failli	
ils eussent failli	

IMPÉRATIF	
Présent	**Passé**
faux	*aie failli*
faillons	*ayons failli*
faillez	*ayez failli*

PARTICIPE	
Présent	**Passé**
faillant	failli
	faillie
	faillis
	faillies

30 – COURIR

– le « r » double au futur simple de l'indicatif et au conditionnel présent

INDICATIF	
Présent	**Passé composé**
je cours	j'ai couru
tu cours	tu as couru
il court	il a couru
nous courons	nous avons couru
vous courez	vous avez couru
ils courent	ils ont couru
Imparfait	**Plus-que-parfait**
je courais	j'avais couru
tu courais	tu avais couru
il courait	il avait couru
nous courions	nous avions couru
vous couriez	vous aviez couru
ils couraient	ils avaient couru
Passé simple	**Passé antérieur**
je courus	j'eus couru
tu courus	tu eus couru
il courut	il eut couru
nous courûmes	nous eûmes couru
vous courûtes	vous eûtes couru
ils coururent	ils eurent couru
Futur simple	**Futur antérieur**
je courrai	j'aurai couru
tu courras	tu auras couru
il courra	il aura couru
nous courrons	nous aurons couru
vous courrez	vous aurez couru
ils courront	ils auront couru

SUBJONCTIF	
Présent	**Passé**
que je coure	que j'aie couru
que tu coures	que tu aies couru
qu'il coure	qu'il ait couru
que nous courions	que nous ayons couru
que vous couriez	que vous ayez couru
qu'ils courent	qu'ils aient couru
Imparfait	**Plus-que-parfait**
que je courusse	que j'eusse couru
que tu courusses	que tu eusses couru
qu'il courût	qu'il eût couru
que nous courussions	que nous eussions couru
que vous courussiez	que vous eussiez couru
qu'ils courussent	qu'ils eussent couru

CONDITIONNEL	
Présent	**Passé 1re forme**
je courrais	j'aurais couru
tu courrais	tu aurais couru
il courrait	il aurait couru
nous courrions	nous aurions couru
vous courriez	vous auriez couru
ils courraient	ils auraient couru
Passé 2e forme	
j'eusse couru	
tu eusses couru	
il eût couru	
nous eussions couru	
vous eussiez couru	
ils eussent couru	

IMPÉRATIF	
Présent	**Passé**
cours	aie couru
courons	ayons couru
courez	ayez couru

PARTICIPE	
Présent	**Passé**
courant	couru
	courue
	courus
	courues

31 – MOURIR

- infinitif passé : être mort
- emploi de l'auxiliaire être à tous les temps composés
- le « r » double au futur simple de l'indicatif et au conditionnel présent

INDICATIF	
Présent	**Passé composé**
je meurs tu meurs il meurt nous mourons vous mourez ils meurent	je suis mort tu es mort il est mort nous sommes morts vous êtes morts ils sont morts
Imparfait	**Plus-que-parfait**
je mourais tu mourais il mourait nous mourions vous mouriez ils mouraient	j'étais mort tu étais mort il était mort nous étions morts vous étiez morts ils étaient morts
Passé simple	**Passé antérieur**
je mourus tu mourus il mourut nous mourûmes vous mourûtes ils moururent	je fus mort tu fus mort il fut mort nous fûmes morts vous fûtes morts ils furent morts
Futur simple	**Futur antérieur**
je mourrai tu mourras il mourra nous mourrons vous mourrez ils mourront	je serai mort tu seras mort il sera mort nous serons morts vous serez morts ils seront morts

SUBJONCTIF	
Présent	**Passé**
que je meure	que je sois mort
que tu meures	que tu sois mort
qu'il meure	qu'il soit mort
que nous mourions	que nous soyons morts
que vous mouriez	que vous soyez morts
qu'ils meurent	qu'ils soient morts
Imparfait	**Plus-que-parfait**
que je mourusse	que je fusse mort
que tu mourusses	que tu fusses mort
qu'il mourût	qu'il fût mort
que nous mourussions	que nous fussions morts
que vous mourussiez	que vous fussiez morts
qu'ils mourussent	qu'ils fussent morts

CONDITIONNEL	
Présent	**Passé 1re forme**
je mourrais	je serais mort
tu mourrais	tu serais mort
il mourrait	il serait mort
nous mourrions	nous serions morts
vous mourriez	vous seriez morts
ils mourraient	ils seraient morts
Passé 2e forme	
je fusse mort	
tu fusses mort	
il fût mort	
nous fussions morts	
vous fussiez morts	
ils fussent morts	

IMPÉRATIF	
Présent	**Passé**
meurs	sois mort
mourons	soyons morts
mourez	soyez morts

PARTICIPE	
Présent	**Passé**
mourant	mort
	morte
	morts
	mortes

32 – FUIR

– même conjugaison pour le verbe s'enfuir
– le « i » devient « y » devant une voyelle prononcée

INDICATIF	
Présent	**Passé composé**
je fuis	j'ai fui
tu fuis	tu as fui
il fuit	il a fui
nous fuyons	nous avons fui
vous fuyez	vous avez fui
ils fuient	ils ont fui
Imparfait	**Plus-que-parfait**
je fuyais	j'avais fui
tu fuyais	tu avais fui
il fuyait	il avait fui
nous fuyions	nous avions fui
vous fuyiez	vous aviez fui
ils fuyaient	ils avaient fui
Passé simple	**Passé antérieur**
je fuis	j'eus fui
tu fuis	tu eus fui
il fuit	il eut fui
nous fuîmes	nous eûmes fui
vous fuîtes	vous eûtes fui
ils fuirent	ils eurent fui
Futur simple	**Futur antérieur**
je fuirai	j'aurai fui
tu fuiras	tu auras fui
il fuira	il aura fui
nous fuirons	nous aurons fui
vous fuirez	vous aurez fui
ils fuiront	ils auront fui

SUBJONCTIF	
Présent	**Passé**
que je fuie	que j'aie fui
que tu fuies	que tu aies fui
qu'il fuie	qu'il ait fui
que nous fuyions	que nous ayons fui
que vous fuyiez	que vous ayez fui
qu'ils fuient	qu'ils aient fui
Imparfait	**Plus-que-parfait**
que je fuisse	que j'eusse fui
que tu fuisses	que tu eusses fui
qu'il fuît	qu'il eût fui
que nous fuissions	que nous eussions fui
que vous fuissiez	que vous eussiez fui
qu'ils fuissent	qu'ils eussent fui

CONDITIONNEL	
Présent	**Passé 1re forme**
je fuirais	j'aurais fui
tu fuirais	tu aurais fui
il fuirait	il aurait fui
nous fuirions	nous aurions fui
vous fuiriez	vous auriez fui
ils fuiraient	ils auraient fui
Passé 2e forme	
j'eusse fui	
tu eusses fui	
il eût fui	
nous eussions fui	
vous eussiez fui	
ils eussent fui	

IMPÉRATIF	
Présent	**Passé**
fuis	aie fui
fuyons	ayons fui
fuyez	ayez fui

PARTICIPE	
Présent	**Passé**
fuyant	fui
	fuie
	fuis
	fuies

33 – RECEVOIR

– ne pas oublier le « c » cédille devant le « o » ou le « u »

INDICATIF	
Présent	**Passé composé**
je reçois	j'ai reçu
tu reçois	tu as reçu
il reçoit	il a reçu
nous recevons	nous avons reçu
vous recevez	vous avez reçu
ils reçoivent	ils ont reçu
Imparfait	**Plus-que-parfait**
je recevais	j'avais reçu
tu recevais	tu avais reçu
il recevait	il avait reçu
nous recevions	nous avions reçu
vous receviez	vous aviez reçu
ils recevaient	ils avaient reçu
Passé simple	**Passé antérieur**
je reçus	j'eus reçu
tu reçus	tu eus reçu
il reçut	il eut reçu
nous reçûmes	nous eûmes reçu
vous reçûtes	vous eûtes reçu
ils reçurent	ils eurent reçu
Futur simple	**Futur antérieur**
je recevrai	j'aurai reçu
tu recevras	tu auras reçu
il recevra	il aura reçu
nous recevrons	nous aurons reçu
vous recevrez	vous aurez reçu
ils recevront	ils auront reçu

SUBJONCTIF	
Présent	**Passé**
que je reçoive	que j'aie reçu
que tu reçoives	que tu aies reçu
qu'il reçoive	qu'il ait reçu
que nous recevions	que nous ayons reçu
que vous receviez	que vous ayez reçu
qu'ils reçoivent	qu'ils aient reçu
Imparfait	**Plus-que-parfait**
que je reçusse	que j'eusse reçu
que tu reçusses	que tu eusses reçu
qu'il reçût	qu'il eût reçu
que nous reçussions	que nous eussions reçu
que vous reçussiez	que vous eussiez reçu
qu'ils reçussent	qu'ils eussent reçu

CONDITIONNEL	
Présent	**Passé 1re forme**
je recevrais	j'aurais reçu
tu recevrais	tu aurais reçu
il recevrait	il aurait reçu
nous recevrions	nous aurions reçu
vous recevriez	vous auriez reçu
ils recevraient	ils auraient reçu
Passé 2e forme	
j'eusse reçu	
tu eusses reçu	
il eût reçu	
nous eussions reçu	
vous eussiez reçu	
ils eussent reçu	

IMPÉRATIF	
Présent	**Passé**
reçois	aie reçu
recevons	ayons reçu
recevez	ayez reçu

PARTICIPE	
Présent	**Passé**
recevant	reçu
	reçue
	reçus
	reçues

34 – VOIR

- le « r » double au futur simple de l'indicatif et au conditionnel présent
- même conjugaison pour les verbes entrevoir, revoir et prévoir (ce dernier fait au futur simple et au conditionnel présent : je prévoirai... je prévoirais)

INDICATIF	
Présent	**Passé composé**
je vois	j'ai vu
tu vois	tu as vu
il voit	il a vu
nous voyons	nous avons vu
vous voyez	vous avez vu
ils voient	ils ont vu
Imparfait	**Plus-que-parfait**
je voyais	j'avais vu
tu voyais	tu avais vu
il voyait	il avait vu
nous voyions	nous avions vu
vous voyiez	vous aviez vu
ils voyaient	ils avaient vu
Passé simple	**Passé antérieur**
je vis	j'eus vu
tu vis	tu eus vu
il vit	il eut vu
nous vîmes	nous eûmes vu
vous vîtes	vous eûtes vu
ils virent	ils eurent vu
Futur simple	**Futur antérieur**
je verrai	j'aurai vu
tu verras	tu auras vu
il verra	il aura vu
nous verrons	nous aurons vu
vous verrez	vous aurez vu
ils verront	ils auront vu

SUBJONCTIF

Présent	Passé
que je voie	que j'aie vu
que tu voies	que tu aies vu
qu'il voie	qu'il ait vu
que nous voyions	que nous ayons vu
que vous voyiez	que vous ayez vu
qu'ils voient	qu'ils aient vu

Imparfait	Plus-que-parfait
que je visse	que j'eusse vu
que tu visses	que tu eusses vu
qu'il vît	qu'il eût vu
que nous vissions	que nous eussions vu
que vous vissiez	que vous eussiez vu
qu'ils vissent	qu'ils eussent vu

CONDITIONNEL

Présent	Passé 1re forme
je verrais	j'aurais vu
tu verrais	tu aurais vu
il verrait	il aurait vu
nous verrions	nous aurions vu
vous verriez	vous auriez vu
ils verraient	ils auraient vu

Passé 2e forme	
j'eusse vu	
tu eusses vu	
il eût vu	
nous eussions vu	
vous eussiez vu	
ils eussent vu	

IMPÉRATIF

Présent	Passé
vois	aie vu
voyons	ayons vu
voyez	ayez vu

PARTICIPE

Présent	Passé
voyant	vu
	vue
	vus
	vues

35 – POURVOIR

INDICATIF	
Présent	**Passé composé**
je pourvois	j'ai pourvu
tu pourvois	tu as pourvu
il pourvoit	il a pourvu
nous pourvoyons	nous avons pourvu
vous pourvoyez	vous avez pourvu
ils pourvoient	ils ont pourvu
Imparfait	**Plus-que-parfait**
je pourvoyais	j'avais pourvu
tu pourvoyais	tu avais pourvu
il pourvoyait	il avait pourvu
nous pourvoyions	nous avions pourvu
vous pourvoyiez	vous aviez pourvu
ils pourvoyaient	ils avaient pourvu
Passé simple	**Passé antérieur**
je pourvus	j'eus pourvu
tu pourvus	tu eus pourvu
il pourvut	il eut pourvu
nous pourvûmes	nous eûmes pourvu
vous pourvûtes	vous eûtes pourvu
ils pourvurent	ils eurent pourvu
Futur simple	**Futur antérieur**
je pourvoirai	j'aurai pourvu
tu pourvoiras	tu auras pourvu
il pourvoira	il aura pourvu
nous pourvoirons	nous aurons pourvu
vous pourvoirez	vous aurez pourvu
ils pourvoiront	ils auront pourvu
SUBJONCTIF	
Présent	**Passé**
que je pourvoie	que j'aie pourvu
que tu pourvoies	que tu aies pourvu
qu'il pourvoie	qu'il ait pourvu
que nous pourvoyions	que nous ayons pourvu
que vous pourvoyiez	que vous ayez pourvu
qu'ils pourvoient	qu'ils aient pourvu

Imparfait	Plus-que-parfait
que je pourvusse	que j'eusse pourvu
que tu pourvusses	que tu eusses pourvu
qu'il pourvût	qu'il eût pourvu
que nous pourvussions	que nous eussions pourvu
que vous pourvussiez	que vous eussiez pourvu
qu'ils pourvussent	qu'ils eussent pourvu

CONDITIONNEL

Présent	Passé 1re forme
je pourvoirais	j'aurais pourvu
tu pourvoirais	tu aurais pourvu
il pourvoirait	il aurait pourvu
nous pourvoirions	nous aurions pourvu
vous pourvoiriez	vous auriez pourvu
ils pourvoiraient	ils auraient pourvu

Passé 2e forme	
j'eusse pourvu	
tu eusses pourvu	
il eût pourvu	
nous eussions pourvu	
vous eussiez pourvu	
ils eussent pourvu	

IMPÉRATIF

Présent	Passé
pourvois	aie pourvu
pourvoyons	ayons pourvu
pourvoyez	ayez pourvu

PARTICIPE

Présent	Passé
pourvoyant	pourvu
	pourvue
	pourvus
	pourvues

36 – SAVOIR

– à noter les formes archaïsantes du subjonctif, de l'impératif et du participe présent

INDICATIF	
Présent	**Passé composé**
je sais	j'ai su
tu sais	tu as su
il sait	il a su
nous savons	nous avons su
vous savez	vous avez su
ils savent	ils ont su
Imparfait	**Plus-que-parfait**
je savais	j'avais su
tu savais	tu avais su
il savait	il avait su
nous savions	nous avions su
vous saviez	vous aviez su
ils savaient	ils avaient su
Passé simple	**Passé antérieur**
je sus	j'eus su
tu sus	tu eus su
il sut	il eut su
nous sûmes	nous eûmes su
vous sûtes	vous eûtes su
ils surent	ils eurent su
Futur simple	**Futur antérieur**
je saurai	j'aurai su
tu sauras	tu auras su
il saura	il aura su
nous saurons	nous aurons su
vous saurez	vous aurez su
ils sauront	ils auront su

SUBJONCTIF	
Présent	**Passé**
que je sache	que j'aie su
que tu saches	que tu aies su
qu'il sache	qu'il ait su
que nous sachions	que nous ayons su
que vous sachiez	que vous ayez su
qu'ils sachent	qu'ils aient su
Imparfait	**Plus-que-parfait**
que je susse	que j'eusse su
que tu susses	que tu eusses su
qu'il sût	qu'il eût su
que nous sussions	que nous eussions su
que vous sussiez	que vous eussiez su
qu'ils sussent	qu'ils eussent su

CONDITIONNEL	
Présent	**Passé 1re forme**
je saurais	j'aurais su
tu saurais	tu aurais su
il saurait	il aurait su
nous saurions	nous aurions su
vous sauriez	vous auriez su
ils sauraient	ils auraient su
Passé 2e forme	
j'eusse su	
tu eusses su	
il eût su	
nous eussions su	
vous eussiez su	
ils eussent su	

IMPÉRATIF	
Présent	**Passé**
sache	aie su
sachons	ayons su
sachez	ayez su

PARTICIPE	
Présent	**Passé**
sachant	su
	sue
	sus
	sues

37 – DEVOIR

– l'accent circonflexe sur le « u » au participe passé sert à distinguer le verbe de l'article partitif « du ». C'est pourquoi il n'apparaît qu'au masculin singulier

INDICATIF	
Présent	**Passé composé**
je dois	j'ai dû
tu dois	tu as dû
il doit	il a dû
nous devons	nous avons dû
vous devez	vous avez dû
ils doivent	ils ont dû
Imparfait	**Plus-que-parfait**
je devais	j'avais dû
tu devais	tu avais dû
il devait	il avait dû
nous devions	nous avions dû
vous deviez	vous aviez dû
ils devaient	ils avaient dû
Passé simple	**Passé antérieur**
je dus	j'eus dû
tu dus	tu eus dû
il dut	il eut dû
nous dûmes	nous eûmes dû
vous dûtes	vous eûtes dû
ils durent	ils eurent dû
Futur simple	**Futur antérieur**
je devrai	j'aurai dû
tu devras	tu auras dû
il devra	il aura dû
nous devrons	nous aurons dû
vous devrez	vous aurez dû
ils devront	ils auront dû

SUBJONCTIF	
Présent	**Passé**
que je doive	que j'aie dû
que tu doives	que tu aies dû
qu'il doive	qu'il ait dû
que nous devions	que nous ayons dû
que vous deviez	que vous ayez dû
qu'ils doivent	qu'ils aient dû
Imparfait	**Plus-que-parfait**
que je dusse	que j'eusse dû
que tu dusses	que tu eusses dû
qu'il dût	qu'il eût dû
que nous dussions	que nous eussions dû
que vous dussiez	que vous eussiez dû
qu'ils dussent	qu'ils eussent dû

CONDITIONNEL	
Présent	**Passé 1re forme**
je devrais	j'aurais dû
tu devrais	tu aurais dû
il devrait	il aurait dû
nous devrions	nous aurions dû
vous devriez	vous auriez dû
ils devraient	ils auraient dû
Passé 2e forme	
j'eusse dû	
tu eusses dû	
il eût dû	
nous eussions dû	
vous eussiez dû	
ils eussent dû	

IMPÉRATIF	
Présent	**Passé**
dois	aie dû
devons	ayons dû
devez	ayez dû

PARTICIPE	
Présent	**Passé**
devant	dû
	due
	dus
	dues

38 – POUVOIR

- le « r » double au futur simple de l'indicatif et au conditionnel présent
- à la forme interrogative, la 1re personne du singulier du présent de l'indicatif est « puis » et non « peux » (puis-je ?)

INDICATIF	
Présent	**Passé composé**
je peux	j'ai pu
tu peux	tu as pu
il peut	il a pu
nous pouvons	nous avons pu
vous pouvez	vous avez pu
ils peuvent	ils ont pu
Imparfait	**Plus-que-parfait**
je pouvais	j'avais pu
tu pouvais	tu avais pu
il pouvait	il avait pu
nous pouvions	nous avions pu
vous pouviez	vous aviez pu
ils pouvaient	ils avaient pu
Passé simple	**Passé antérieur**
je pus	j'eus pu
tu pus	tu eus pu
il put	il eut pu
nous pûmes	nous eûmes pu
vous pûtes	vous eûtes pu
ils purent	ils eurent pu
Futur simple	**Futur antérieur**
je pourrai	j'aurai pu
tu pourras	tu auras pu
il pourra	il aura pu
nous pourrons	nous aurons pu
vous pourrez	vous aurez pu
ils pourront	ils auront pu

SUBJONCTIF	
Présent	**Passé**
que je puisse	que j'aie pu
que tu puisses	que tu aies pu
qu'il puisse	qu'il ait pu
que nous puissions	que nous ayons pu
que vous puissiez	que vous ayez pu
qu'ils puissent	qu'ils aient pu
Imparfait	**Plus-que-parfait**
que je pusse	que j'eusse pu
que tu pusses	que tu eusses pu
qu'il pût	qu'il eût pu
que nous pussions	que nous eussions pu
que vous pussiez	que vous eussiez pu
qu'ils pussent	qu'ils eussent pu

CONDITIONNEL	
Présent	**Passé 1re forme**
je pourrais	j'aurais pu
tu pourrais	tu aurais pu
il pourrait	il aurait pu
nous pourrions	nous aurions pu
vous pourriez	vous auriez pu
ils pourraient	ils auraient pu
Passé 2e forme	
j'eusse pu	
tu eusses pu	
il eût pu	
nous eussions pu	
vous eussiez pu	
ils eussent pu	

IMPÉRATIF	
Présent	**Passé**
---	---

PARTICIPE	
Présent	**Passé**
pouvant	pu

39 – MOUVOIR

– même conjugaison pour émouvoir et promouvoir sauf
  que le « u » de leurs participes passés masculin singulier ne prennent pas d'accent circonflexe (ému, promu)

INDICATIF	
Présent	**Passé composé**
je meus	j'ai mû
tu meus	tu as mû
il meut	il a mû
nous mouvons	nous avons mû
vous mouvez	vous avez mû
ils meuvent	ils ont mû
Imparfait	**Plus-que-parfait**
je mouvais	j'avais mû
tu mouvais	tu avais mû
il mouvait	il avait mû
nous mouvions	nous avions mû
vous mouviez	vous aviez mû
ils mouvaient	ils avaient mû
Passé simple	**Passé antérieur**
je mus	j'eus mû
tu mus	tu eus mû
il mut	il eut mû
nous mûmes	nous eûmes mû
vous mûtes	vous eûtes mû
ils murent	ils eurent mû
Futur simple	**Futur antérieur**
je mouvrai	j'aurai mû
tu mouvras	tu auras mû
il mouvra	il aura mû
nous mouvrons	nous aurons mû
vous mouvrez	vous aurez mû
ils mouvront	ils auront mû

SUBJONCTIF	
Présent	**Passé**
que je meuve	que j'aie mû
que tu meuves	que tu aies mû
qu'il meuve	qu'il ait mû
que nous mouvions	que nous ayons mû
que vous mouviez	que vous ayez mû
qu'ils meuvent	qu'ils aient mû
Imparfait	**Plus-que-parfait**
que je musse	que j'eusse mû
que tu musses	que tu eusses mû
qu'il mût	qu'il eût mû
que nous mussions	que nous eussions mû
que vous mussiez	que vous eussiez mû
qu'ils mussent	qu'ils eussent mû

CONDITIONNEL	
Présent	**Passé 1re forme**
je mouvrais	j'aurais mû
tu mouvrais	tu aurais mû
il mouvrait	il aurait mû
nous mouvrions	nous aurions mû
vous mouvriez	vous auriez mû
ils mouvraient	ils auraient mû
Passé 2e forme	
j'eusse mû	
tu eusses mû	
il eût mû	
nous eussions mû	
vous eussiez mû	
ils eussent mû	

IMPÉRATIF	
Présent	**Passé**
meus	aie mû
mouvons	ayons mû
mouvez	ayez mû

PARTICIPE	
Présent	**Passé**
mouvant	mû
	mue
	mus
	mues

40 – PLEUVOIR

– ce verbe impersonnel peut parfois s'employer au pluriel dans un sens figuré : *les reproches pleuvent sur lui*

INDICATIF	
Présent	**Passé composé**
il pleut	il a plu
Imparfait	**Plus-que-parfait**
il pleuvait	il avait plu
Passé simple	**Passé antérieur**
il plut	il eut plu
Futur simple	**Futur antérieur**
il pleuvra	il aura plu
SUBJONCTIF	
Présent	**Passé**
qu'il pleuve	qu'il ait plu
Imparfait	**Plus-que-parfait**
qu'il plût	qu'il eût plu
CONDITIONNEL	
Présent	**Passé 1re forme**
il pleuvrait	il aurait plu
Passé 2e forme	
il eût plu	
IMPÉRATIF	
Présent	**Passé**
---	---
PARTICIPE	
Présent	**Passé**
pleuvant	plu

41 – FALLOIR

– verbe impersonnel
– pas d'impératif ni de participe présent et d'infinitif
  passé

INDICATIF	
Présent	**Passé composé**
il faut	il a fallu
Imparfait	**Plus-que-parfait**
il fallait	il avait fallu
Passé simple	**Passé antérieur**
il fallut	il eut fallu
Futur simple	**Futur antérieur**
il faudra	il aura fallu
SUBJONCTIF	
Présent	**Passé**
qu'il faille	qu'il ait fallu
Imparfait	**Plus-que-parfait**
qu'il fallût	qu'il eût fallu
CONDITIONNEL	
Présent	**Passé 1re forme**
il faudrait	il aurait fallu
Passé 2e forme	
il eût fallu	
IMPÉRATIF	
Présent	**Passé**
---	---
PARTICIPE	
Présent	**Passé**
---	fallu

42 – VALOIR

- même conjugaison pour équivaloir, revaloir et prévaloir (celui-ci fait au subjonctif présent que je prévale... que nous prévalions)
- à la forme pronominale, le participe s'accorde (*elle s'est prévalue de ses droits*)

INDICATIF	
Présent	**Passé composé**
je vaux	j'ai valu
tu vaux	tu as valu
il vaut	il a valu
nous valons	nous avons valu
vous valez	vous avez valu
ils valent	ils ont valu
Imparfait	**Plus-que-parfait**
je valais	j'avais valu
tu valais	tu avais valu
il valait	il avait valu
nous valions	nous avions valu
vous valiez	vous aviez valu
ils valaient	ils avaient valu
Passé simple	**Passé antérieur**
je valus	j'eus valu
tu valus	tu eus valu
il valut	il eut valu
nous valûmes	nous eûmes valu
vous valûtes	vous eûtes valu
ils valurent	ils eurent valu
Futur simple	**Futur antérieur**
je vaudrai	j'aurai valu
tu vaudras	tu auras valu
il vaudra	il aura valu
nous vaudrons	nous aurons valu
vous vaudrez	vous aurez valu
ils vaudront	ils auront valu

SUBJONCTIF	
Présent	**Passé**
que je vaille	que j'aie valu
que tu vailles	que tu aies valu
qu'il vaille	qu'il ait valu
que nous valions	que nous ayons valu
que vous valiez	que vous ayez valu
qu'ils vaillent	qu'ils aient valu
Imparfait	**Plus-que-parfait**
que je valusse	que j'eusse valu
que tu valusses	que tu eusses valu
qu'il valût	qu'il eût valu
que nous valussions	que nous eussions valu
que vous valussiez	que vous eussiez valu
qu'ils valussent	qu'ils eussent valu

CONDITIONNEL	
Présent	**Passé 1re forme**
je vaudrais	j'aurais valu
tu vaudrais	tu aurais valu
il vaudrait	il aurait valu
nous vaudrions	nous aurions valu
vous vaudriez	vous auriez valu
ils vaudraient	ils auraient valu
Passé 2e forme	
j'eusse valu	
tu eusses valu	
il eût valu	
nous eussions valu	
vous eussiez valu	
ils eussent valu	

IMPÉRATIF	
Présent	**Passé**
vaux	aie valu
valons	ayons valu
valez	ayez valu

PARTICIPE	
Présent	**Passé**
valant	valu
	value
	valus
	values

43 – VOULOIR

– à l'impératif, la forme « veuillez » est couramment employée dans les formules de politesse

INDICATIF	
Présent	**Passé composé**
je veux	j'ai voulu
tu veux	tu as voulu
il veut	il a voulu
nous voulons	nous avons voulu
vous voulez	vous avez voulu
ils veulent	ils ont voulu
Imparfait	**Plus-que-parfait**
je voulais	j'avais voulu
tu voulais	tu avais voulu
il voulait	il avait voulu
nous voulions	nous avions voulu
vous vouliez	vous aviez voulu
ils voulaient	ils avaient voulu
Passé simple	**Passé antérieur**
je voulus	j'eus voulu
tu voulus	tu eus voulu
il voulut	il eut voulu
nous voulûmes	nous eûmes voulu
vous voulûtes	vous eûtes voulu
ils voulurent	ils eurent voulu
Futur simple	**Futur antérieur**
je voudrai	j'aurai voulu
tu voudras	tu auras voulu
il voudra	il aura voulu
nous voudrons	nous aurons voulu
vous voudrez	vous aurez voulu
ils voudront	ils auront voulu

SUBJONCTIF	
Présent	**Passé**
que je veuille	que j'aie voulu
que tu veuilles	que tu aies voulu
qu'il veuille	qu'il ait voulu
que nous voulions	que nous ayons voulu
que vous vouliez	que vous ayez voulu
qu'ils veuillent	qu'ils aient voulu
Imparfait	**Plus-que-parfait**
que je voulusse	que j'eusse voulu
que tu voulusses	que tu eusses voulu
qu'il voulût	qu'il eût voulu
que nous voulussions	que nous eussions voulu
que vous voulussiez	que vous eussiez voulu
qu'ils voulussent	qu'ils eussent voulu

CONDITIONNEL	
Présent	**Passé 1re forme**
je voudrais	j'aurais voulu
tu voudrais	tu aurais voulu
il voudrait	il aurait voulu
nous voudrions	nous aurions voulu
vous voudriez	vous auriez voulu
ils voudraient	ils auraient voulu
Passé 2e forme	
j'eusse voulu	
tu eusses voulu	
il eût voulu	
nous eussions voulu	
vous eussiez voulu	
ils eussent voulu	

IMPÉRATIF	
Présent	**Passé**
Veux / veuille	aie voulu
voulons	ayons voulu
voulez / veuillez	ayez voulu

PARTICIPE	
Présent	**Passé**
voulant	voulu
	voulue
	voulus
	voulues

44 – ASSEOIR

– ce verbe admet deux conjugaisons mais les formes en
« ie » et « ey » (j'assieds, j'asseyais) s'imposent face à
celles en « oi » « oy » (j'assois, j'assoyais)

INDICATIF	
Présent	**Passé composé**
j'assieds / ois	j'ai assis
tu assieds / ois	tu as assis
il assied /oit	il a assis
nous asseyons / oyons	nous avons assis
vous asseyez / oyez	vous avez assis
ils asseyent / oient	ils ont assis
Imparfait	**Plus-que-parfait**
j'asseyais / oyais	j'avais assis
tu asseyais / oyais	tu avais assis
il asseyait / oyait	il avait assis
nous asseyions / oyions	nous avions assis
vous asseyiez / oyiez	vous aviez assis
ils asseyaient / oyaient	ils avaient assis
Passé simple	**Passé antérieur**
j'assis	j'eus assis
tu assis	tu eus assis
il assit	il eut assis
nous assîmes	nous eûmes assis
vous assîtes	vous eûtes assis
ils assirent	ils eurent assis
Futur simple	**Futur antérieur**
j'assiérai / oirai	j'aurai assis
tu assiéras / oiras	tu auras assis
il assiéra / oira	il aura assis
nous assiérons / oirons	nous aurons assis
vous assiérez / oirez	vous aurez assis
ils assiéront / oiront	ils auront assis

SUBJONCTIF	
Présent	**Passé**
que j'asseye / oie	que j'aie assis
que tu asseyes / oies	que tu aies assis
qu'il asseye / oie	qu'il ait assis
que nous asseyions / oyions	que nous ayons assis
que vous asseyiez / oyiez	que vous ayez assis
qu'ils asseyent / oient	qu'ils aient assis
Imparfait	**Plus-que-parfait**
que j'assisse	que j'eusse assis
que tu assisses	que tu eusses assis
qu'il assît	qu'il eût assis
que nous assissions	que nous eussions assis
que vous assissiez	que vous eussiez assis
qu'ils assissent	qu'ils eussent assis

CONDITIONNEL	
Présent	**Passé 1re forme**
j'assiérais / -oirais	j'aurais assis
tu assiérais / -oirais	tu aurais assis
il assiérait / -oirait	il aurait assis
nous assiérions / -oirions	nous aurions assis
vous assiériez / -oiriez	vous auriez assis
ils assiéraient / -oiraient	ils auraient assis
Passé 2e forme	
j'eusse assis	
tu eusses assis	
il eût assis	
nous eussions assis	
vous eussiez assis	
ils eussent assis	

IMPÉRATIF	
Présent	**Passé**
assieds / assois	aie assis
asseyons / assoyons	ayons assis
asseyez / assoyez	ayez assis

PARTICIPE	
Présent	**Passé**
asseyant / oyant	assis
	assise
	assis
	assises

45 – RENDRE

- verbes en -endre, -andre, -ondre, -erdre, -ordre
- même conjugaison pour les verbes rompre, corrompre, et interrompre dont la seule particularité est de prendre un « t » après le « p » à la 3ᵉ personne du singulier de l'indicatif présent (il rompt)
- prendre et ses dérivés ne suivent pas cette règle

INDICATIF	
Présent	**Passé composé**
je rends	j'ai rendu
tu rends	tu as rendu
il rend	il a rendu
nous rendons	nous avons rendu
vous rendez	vous avez rendu
ils rendent	ils ont rendu
Imparfait	**Plus-que-parfait**
je rendais	j'avais rendu
tu rendais	tu avais rendu
il rendait	il avait rendu
nous rendions	nous avions rendu
vous rendiez	vous aviez rendu
ils rendaient	ils avaient rendu
Passé simple	**Passé antérieur**
je rendis	j'eus rendu
tu rendis	tu eus rendu
il rendit	il eut rendu
nous rendîmes	nous eûmes rendu
vous rendîtes	vous eûtes rendu
ils rendirent	ils eurent rendu
Futur simple	**Futur antérieur**
je rendrai	j'aurai rendu
tu rendras	tu auras rendu
il rendra	il aura rendu
nous rendrons	nous aurons rendu
vous rendrez	vous aurez rendu
ils rendront	ils auront rendu

SUBJONCTIF	
Présent	**Passé**
que je rende	que j'aie rendu
que tu rendes	que tu aies rendu
qu'il rende	qu'il ait rendu
que nous rendions	que nous ayons rendu
que vous rendiez	que vous ayez rendu
qu'ils rendent	qu'ils aient rendu
Imparfait	**Plus-que-parfait**
que je rendisse	que j'eusse rendu
que tu rendisses	que tu eusses rendu
qu'il rendît	qu'il eût rendu
que nous rendissions	que nous eussions rendu
que vous rendissiez	que vous eussiez rendu
qu'ils rendissent	qu'ils eussent rendu

CONDITIONNEL	
Présent	**Passé 1re forme**
je rendrais	j'aurais rendu
tu rendrais	tu aurais rendu
il rendrait	il aurait rendu
nous rendrions	nous aurions rendu
vous rendriez	vous auriez rendu
ils rendraient	ils auraient rendu
Passé 2e forme	
j'eusse rendu	
tu eusses rendu	
il eût rendu	
nous eussions rendu	
vous eussiez rendu	
ils eussent rendu	

IMPÉRATIF	
Présent	**Passé**
rends	aie rendu
rendons	ayons rendu
rendez	ayez rendu

PARTICIPE	
Présent	**Passé**
rendant	rendu
	rendue
	rendus
	rendues

46 – PRENDRE

– même conjugaison pour ses dérivés : apprendre, comprendre, entreprendre, s'éprendre, surprendre...
– le « n » double devant un « e » muet

INDICATIF	
Présent	**Passé composé**
je prends	j'ai pris
tu prends	tu as pris
il prend	il a pris
nous prenons	nous avons pris
vous prenez	vous avez pris
ils prennent	ils ont pris
Imparfait	**Plus-que-parfait**
je prenais	j'avais pris
tu prenais	tu avais pris
il prenait	il avait pris
nous prenions	nous avions pris
vous preniez	vous aviez pris
ils prenaient	ils avaient pris
Passé simple	**Passé antérieur**
je pris	j'eus pris
tu pris	tu eus pris
il prit	il eut pris
nous prîmes	nous eûmes pris
vous prîtes	vous eûtes pris
ils prirent	ils eurent pris
Futur simple	**Futur antérieur**
je prendrai	j'aurai pris
tu prendras	tu auras pris
il prendra	il aura pris
nous prendrons	nous aurons pris
vous prendrez	vous aurez pris
ils prendront	ils auront pris

SUBJONCTIF	
Présent	**Passé**
que je prenne	que j'aie pris
que tu prennes	que tu aies pris
qu'il prenne	qu'il ait pris
que nous prenions	que nous ayons pris
que vous preniez	que vous ayez pris
qu'ils prennent	qu'ils aient pris
Imparfait	**Plus-que-parfait**
que je prisse	que j'eusse pris
que tu prisses	que tu eusses pris
qu'il prît	qu'il eût pris
que nous prissions	que nous eussions pris
que vous prissiez	que vous eussiez pris
qu'ils prissent	qu'ils eussent pris

CONDITIONNEL	
Présent	**Passé 1re forme**
je prendrais	j'aurais pris
tu prendrais	tu aurais pris
il prendrait	il aurait pris
nous prendrions	nous aurions pris
vous prendriez	vous auriez pris
ils prendraient	ils auraient pris
Passé 2e forme	
j'eusse pris	
tu eusses pris	
il eût pris	
nous eussions pris	
vous eussiez pris	
ils eussent pris	

IMPÉRATIF	
Présent	**Passé**
prends	aie pris
prenons	ayons pris
prenez	ayez pris

PARTICIPE	
Présent	**Passé**
prenant	pris
	prise
	pris
	prises

47 – ATTEINDRE

- tous les verbes en – indre (-eindre, -aindre, -oindre) suivent ce modèle
- le « d » du radical disparaît à toutes les formes sauf au futur simple de l'indicatif et au conditionnel présent

INDICATIF	
Présent	**Passé composé**
j'atteins	j'ai atteint
tu atteins	tu as atteint
il atteint	il a atteint
nous atteignons	nous avons atteint
vous atteignez	vous avez atteint
ils atteignent	ils ont atteint
Imparfait	**Plus-que-parfait**
j'atteignais	j'avais atteint
tu atteignais	tu avais atteint
il atteignait	il avait atteint
nous atteignions	nous avions atteint
vous atteigniez	vous aviez atteint
ils atteignaient	ils avaient atteint
Passé simple	**Passé antérieur**
j'atteignis	j'eus atteint
tu atteignis	tu eus atteint
il atteignit	il eut atteint
nous atteignîmes	nous eûmes atteint
vous atteignîtes	vous eûtes atteint
ils atteignirent	ils eurent atteint
Futur simple	**Futur antérieur**
j'atteindrai	j'aurai atteint
tu atteindras	tu auras atteint
il atteindra	il aura atteint
nous atteindrons	nous aurons atteint
vous atteindrez	vous aurez atteint
ils atteindront	ils auront atteint

SUBJONCTIF	
Présent	**Passé**
que j'atteigne	que j'aie atteint
que tu atteignes	que tu aies atteint
qu'il atteigne	qu'il ait atteint
que nous atteignions	que nous ayons atteint
que vous atteigniez	que vous ayez atteint
qu'ils atteignent	qu'ils aient atteint
Imparfait	**Plus-que-parfait**
que j'atteignisse	que j'eusse atteint
que tu atteignisses	que tu eusses atteint
qu'il atteignît	qu'il eût atteint
que nous atteignissions	que nous eussions atteint
que vous atteignissiez	que vous eussiez atteint
qu'ils atteignissent	qu'ils eussent atteint

CONDITIONNEL	
Présent	**Passé 1re forme**
j'atteindrais	j'aurais atteint
tu atteindrais	tu aurais atteint
il atteindrait	il aurait atteint
nous atteindrions	nous aurions atteint
vous atteindriez	vous auriez atteint
ils atteindraient	ils auraient atteint
Passé 2e forme	
j'eusse atteint	
tu eusses atteint	
il eût atteint	
nous eussions atteint	
vous eussiez atteint	
ils eussent atteint	

IMPÉRATIF	
Présent	**Passé**
atteins	aie atteint
atteignons	ayons atteint
atteignez	ayez atteint

PARTICIPE	
Présent	**Passé**
atteignant	atteint
	atteinte
	atteints
	atteintes

48 – RÉSOUDRE

– même conjugaison pour les verbes absoudre et dissoudre mais ceux-ci n'ont pas de passé simple ni d'imparfait du subjonctif
– noter qu'il existe un 2e participe passé très peu usité : résous

INDICATIF	
Présent	**Passé composé**
je résous	j'ai résolu
tu résous	tu as résolu
il résout	il a résolu
nous résolvons	nous avons résolu
vous résolvez	vous avez résolu
ils résolvent	ils ont résolu
Imparfait	**Plus-que-parfait**
je résolvais	j'avais résolu
tu résolvais	tu avais résolu
il résolvait	il avait résolu
nous résolvions	nous avions résolu
vous résolviez	vous aviez résolu
ils résolvaient	ils avaient résolu
Passé simple	**Passé antérieur**
je résolus	j'eus résolu
tu résolus	tu eus résolu
il résolut	il eut résolu
nous résolûmes	nous eûmes résolu
vous résolûtes	vous eûtes résolu
ils résolurent	ils eurent résolu
Futur simple	**Futur antérieur**
je résoudrai	j'aurai résolu
tu résoudras	tu auras résolu
il résoudra	il aura résolu
nous résoudrons	nous aurons résolu
vous résoudrez	vous aurez résolu
ils résoudront	ils auront résolu

SUBJONCTIF	
Présent	**Passé**
que je résolve	que j'aie résolu
que tu résolves	que tu aies résolu
qu'il résolve	qu'il ait résolu
que nous résolvions	que nous ayons résolu
que vous résolviez	que vous ayez résolu
qu'ils résolvent	qu'ils aient résolu
Imparfait	**Plus-que-parfait**
que je résolusse	que j'eusse résolu
que tu résolusses	que tu eusses résolu
qu'il résolût	qu'il eût résolu
que nous résolussions	que nous eussions résolu
que vous résolussiez	que vous eussiez résolu
qu'ils résolussent	qu'ils eussent résolu

CONDITIONNEL	
Présent	**Passé 1re forme**
je résoudrais	j'aurais résolu
tu résoudrais	tu aurais résolu
il résoudrait	il aurait résolu
nous résoudrions	nous aurions résolu
vous résoudriez	vous auriez résolu
ils résoudraient	ils auraient résolu
Passé 2e forme	
j'eusse résolu	
tu eusses résolu	
il eût résolu	
nous eussions résolu	
vous eussiez résolu	
ils eussent résolu	

IMPÉRATIF	
Présent	**Passé**
résous	aie résolu
résolvons	ayons résolu
résolvez	ayez résolu

PARTICIPE	
Présent	**Passé**
résolvant	résolu
	résolue
	résolus
	résolues

49 – BATTRE

– même conjugaison pour ses dérivés : abattre, combattre, débattre...

INDICATIF	
Présent	**Passé composé**
je bats	j'ai battu
tu bats	tu as battu
il bat	il a battu
nous battons	nous avons battu
vous battez	vous avez battu
ils battent	ils ont battu
Imparfait	**Plus-que-parfait**
je battais	j'avais battu
tu battais	tu avais battu
il battait	il avait battu
nous battions	nous avions battu
vous battiez	vous aviez battu
ils battaient	ils avaient battu
Passé simple	**Passé antérieur**
je battis	j'eus battu
tu battis	tu eus battu
il battit	il eut battu
nous battîmes	nous eûmes battu
vous battîtes	vous eûtes battu
ils battirent	ils eurent battu
Futur simple	**Futur antérieur**
je battrai	j'aurai battu
tu battras	tu auras battu
il battra	il aura battu
nous battrons	nous aurons battu
vous battrez	vous aurez battu
ils battront	ils auront battu

SUBJONCTIF	
Présent	**Passé**
que je batte	que j'aie battu
que tu battes	que tu aies battu
qu'il batte	qu'il ait battu
que nous battions	que nous ayons battu
que vous battiez	que vous ayez battu
qu'ils battent	qu'ils aient battu
Imparfait	**Plus-que-parfait**
que je battisse	que j'eusse battu
que tu battisses	que tu eusses battu
qu'il battît	qu'il eût battu
que nous battissions	que nous eussions battu
que vous battissiez	que vous eussiez battu
qu'ils battissent	qu'ils eussent battu

CONDITIONNEL	
Présent	**Passé 1re forme**
je battrais	j'aurais battu
tu battrais	tu aurais battu
il battrait	il aurait battu
nous battrions	nous aurions battu
vous battriez	vous auriez battu
ils battraient	ils auraient battu
Passé 2e forme	
j'eusse battu	
tu eusses battu	
il eût battu	
nous eussions battu	
vous eussiez battu	
ils eussent battu	

IMPÉRATIF	
Présent	**Passé**
bats	aie battu
battons	ayons battu
battez	ayez battu

PARTICIPE	
Présent	**Passé**
battant	battu
	battue
	battus
	battues

50 – METTRE

– même conjugaison pour ses dérivés : admettre, commettre, permettre...

INDICATIF	
Présent	**Passé composé**
je mets	j'ai mis
tu mets	tu as mis
il met	il a mis
nous mettons	nous avons mis
vous mettez	vous avez mis
ils mettent	ils ont mis
Imparfait	**Plus-que-parfait**
je mettais	j'avais mis
tu mettais	tu avais mis
il mettait	il avait mis
nous mettions	nous avions mis
vous mettiez	vous aviez mis
ils mettaient	ils avaient mis
Passé simple	**Passé antérieur**
je mis	j'eus mis
tu mis	tu eus mis
il mit	il eut mis
nous mîmes	nous eûmes mis
vous mîtes	vous eûtes mis
ils mirent	ils eurent mis
Futur simple	**Futur antérieur**
je mettrai	j'aurai mis
tu mettras	tu auras mis
il mettra	il aura mis
nous mettrons	nous aurons mis
vous mettrez	vous aurez mis
ils mettront	ils auront mis

SUBJONCTIF	
Présent	**Passé**
que je mette	que j'aie mis
que tu mettes	que tu aies mis
qu'il mette	qu'il ait mis
que nous mettions	que nous ayons mis
que vous mettiez	que vous ayez mis
qu'ils mettent	qu'ils aient mis
Imparfait	**Plus-que-parfait**
que je misse	que j'eusse mis
que tu misses	que tu eusses mis
qu'il mît	qu'il eût mis
que nous missions	que nous eussions mis
que vous missiez	que vous eussiez mis
qu'ils missent	qu'ils eussent mis

CONDITIONNEL	
Présent	**Passé 1re forme**
je mettrais	j'aurais mis
tu mettrais	tu aurais mis
il mettrait	il aurait mis
nous mettrions	nous aurions mis
vous mettriez	vous auriez mis
ils mettraient	ils auraient mis
Passé 2e forme	
j'eusse mis	
tu eusses mis	
il eût mis	
nous eussions mis	
vous eussiez mis	
ils eussent mis	

IMPÉRATIF	
Présent	**Passé**
mets	aie mis
mettons	ayons mis
mettez	ayez mis

PARTICIPE	
Présent	**Passé**
mettant	mis
	mise
	mis
	mises

51 – CONNAÎTRE

– même conjugaison pour paître, paraître et les dérivés
   (méconnaître, reconnaître, apparaître, disparaître,
   reparaître...)
– le « i » suivi d'un « t » prend un accent circonflexe

INDICATIF	
Présent	**Passé composé**
je connais	j'ai connu
tu connais	tu as connu
il connaît	il a connu
nous connaissons	nous avons connu
vous connaissez	vous avez connu
ils connaissent	ils ont connu
Imparfait	**Plus-que-parfait**
je connaissais	j'avais connu
tu connaissais	tu avais connu
il connaissait	il avait connu
nous connaissions	nous avions connu
vous connaissiez	vous aviez connu
ils connaissaient	ils avaient connu
Passé simple	**Passé antérieur**
je connus	j'eus connu
tu connus	tu eus connu
il connut	il eut connu
nous connûmes	nous eûmes connu
vous connûtes	vous eûtes connu
ils connurent	ils eurent connu
Futur simple	**Futur antérieur**
je connaîtrai	j'aurai connu
tu connaîtras	tu auras connu
il connaîtra	il aura connu
nous connaîtrons	nous aurons connu
vous connaîtrez	vous aurez connu
ils connaîtront	ils auront connu

SUBJONCTIF	
Présent	**Passé**
que je connaisse	que j'aie connu
que tu connaisses	que tu aies connu
qu'il connaisse	qu'il ait connu
que nous connaissions	que nous ayons connu
que vous connaissiez	que vous ayez connu
qu'ils connaissent	qu'ils aient connu
Imparfait	**Plus-que-parfait**
que je connusse	que j'eusse connu
que tu connusses	que tu eusses connu
qu'il connût	qu'il eût connu
que nous connussions	que nous eussions connu
que vous connussiez	que vous eussiez connu
qu'ils connussent	qu'ils eussent connu

CONDITIONNEL	
Présent	**Passé 1re forme**
je connaîtrais	j'aurais connu
tu connaîtrais	tu aurais connu
il connaîtrait	il aurait connu
nous connaîtrions	nous aurions connu
vous connaîtriez	vous auriez connu
ils connaîtraient	ils auraient connu
Passé 2e forme	
j'eusse connu	
tu eusses connu	
il eût connu	
nous eussions connu	
vous eussiez connu	
ils eussent connu	

IMPÉRATIF	
Présent	**Passé**
connais	aie connu
connaissons	ayons connu
connaissez	ayez connu

PARTICIPE	
Présent	**Passé**
connaissant	connu
	connue
	connus
	connues

52 – NAÎTRE

– infinitif passé : être né
– le « i » suivi d'un « t » prend un accent circonflexe

INDICATIF	
Présent	**Passé composé**
je nais	je suis né
tu nais	tu es né
il naît	il est né
nous naissons	nous sommes nés
vous naissez	vous êtes nés
ils naissent	ils sont nés
Imparfait	**Plus-que-parfait**
je naissais	j'étais né
tu naissais	tu étais né
il naissait	il était né
nous naissions	nous étions nés
vous naissiez	vous étiez nés
ils naissaient	ils étaient nés
Passé simple	**Passé antérieur**
je naquis	je fus né
tu naquis	tu fus né
il naquit	il fut né
nous naquîmes	nous fûmes nés
vous naquîtes	vous fûtes nés
ils naquirent	ils furent nés
Futur simple	**Futur antérieur**
je naîtrai	je serai né
tu naîtras	tu seras né
il naîtra	il sera né
nous naîtrons	nous serons nés
vous naîtrez	vous serez nés
ils naîtront	ils seront nés

SUBJONCTIF	
Présent	**Passé**
que je naisse	que je sois né
que tu naisses	que tu sois né
qu'il naisse	qu'il soit né
que nous naissions	que nous soyons nés
que vous naissiez	que vous soyez nés
qu'ils naissent	qu'ils soient nés
Imparfait	**Plus-que-parfait**
que je naquisse	que je fusse né
que tu naquisses	que tu fusses né
qu'il naquît	qu'il fût né
que nous naquissions	que nous fussions nés
que vous naquissiez	que vous fussiez nés
qu'ils naquissent	qu'ils fussent nés

CONDITIONNEL	
Présent	**Passé 1re forme**
je naîtrais	je serais né
tu naîtrais	tu serais né
il naîtrait	il serait né
nous naîtrions	nous serions nés
vous naîtriez	vous seriez nés
ils naîtraient	ils seraient nés
Passé 2e forme	
je fusse né	
tu fusses né	
il fût né	
nous fussions nés	
vous fussiez nés	
ils fussent nés	

IMPÉRATIF	
Présent	**Passé**
nais	sois né
naissons	soyons nés
naissez	soyez nés

PARTICIPE	
Présent	**Passé**
naissant	né
	née
	nés
	nées

53 – CROÎTRE

- même conjugaison pour ses dérivés : accroître, décroître et recroître
- le « i » suivi d'un « t » prend un accent circonflexe. Cependant, le verbe croître garde l'accent circonflexe aux formes suivantes : je croîs, je crûs, tu crûs, il crût, ils crûrent, que je crûsse... pour le distinguer du verbe croire

INDICATIF	
Présent	**Passé composé**
je croîs	j'ai crû
tu croîs	tu as crû
il croît	il a crû
nous croissons	nous avons crû
vous croissez	vous avez crû
ils croissent	ils ont crû
Imparfait	**Plus-que-parfait**
je croissais	j'avais crû
tu croissais	tu avais crû
il croissait	il avait crû
nous croissions	nous avions crû
vous croissiez	vous aviez crû
ils croissaient	ils avaient crû
Passé simple	**Passé antérieur**
je crûs	j'eus crû
tu crûs	tu eus crû
il crût	il eut crû
nous crûmes	nous eûmes crû
vous crûtes	vous eûtes crû
ils crûrent	ils eurent crû
Futur simple	**Futur antérieur**
je croîtrai	j'aurai crû
tu croîtras	tu auras crû
il croîtra	il aura crû
nous croîtrons	nous aurons crû
vous croîtrez	vous aurez crû
ils croîtront	ils auront crû

SUBJONCTIF	
Présent	**Passé**
que je croisse	que j'aie crû
que tu croisses	que tu aies crû
qu'il croisse	qu'il ait crû
que nous croissions	que nous ayons crû
que vous croissiez	que vous ayez crû
qu'ils croissent	qu'ils aient crû
Imparfait	**Plus-que-parfait**
que je crûsse	que j'eusse crû
que tu crûsses	que tu eusses crû
qu'il crût	qu'il eût crû
que nous crûssions	que nous eussions crû
que vous crûssiez	que vous eussiez crû
qu'ils crûssent	qu'ils eussent crû
CONDITIONNEL	
Présent	**Passé 1re forme**
je croîtrais	j'aurais crû
tu croîtrais	tu aurais crû
il croîtrait	il aurait crû
nous croîtrions	nous aurions crû
vous croîtriez	vous auriez crû
ils croîtraient	ils auraient crû
Passé 2e forme	
j'eusse crû	
tu eusses crû	
il eût crû	
nous eussions crû	
vous eussiez crû	
ils eussent crû	
IMPÉRATIF	
Présent	**Passé**
croîs	aie crû
croissons	ayons crû
croissez	ayez crû
PARTICIPE	
Présent	**Passé**
croissant	crû
	crue
	crus
	crues

54 – CROIRE

- même conjugaison pour le verbe traire et ses dérivés qui n'ont cependant ni passé simple ni subjonctif imparfait
- le « i » du radical devient « y » devant une voyelle prononcée

INDICATIF	
Présent	**Passé composé**
je crois	j'ai cru
tu crois	tu as cru
il croit	il a cru
nous croyons	nous avons cru
vous croyez	vous avez cru
ils croient	ils ont cru
Imparfait	**Plus-que-parfait**
je croyais	j'avais cru
tu croyais	tu avais cru
il croyait	il avait cru
nous croyions	nous avions cru
vous croyiez	vous aviez cru
ils croyaient	ils avaient cru
Passé simple	**Passé antérieur**
je crus	j'eus cru
tu crus	tu eus cru
il crut	il eut cru
nous crûmes	nous eûmes cru
vous crûtes	vous eûtes cru
ils crurent	ils eurent cru
Futur simple	**Futur antérieur**
je croirai	j'aurai cru
tu croiras	tu auras cru
il croira	il aura cru
nous croirons	nous aurons cru
vous croirez	vous aurez cru
ils croiront	ils auront cru

SUBJONCTIF	
Présent	**Passé**
que je croie	que j'aie cru
que tu croies	que tu aies cru
qu'il croie	qu'il ait cru
que nous croyions	que nous ayons cru
que vous croyiez	que vous ayez cru
qu'ils croient	qu'ils aient cru
Imparfait	**Plus-que-parfait**
que je crusse	que j'eusse cru
que tu crusses	que tu eusses cru
qu'il crût	qu'il eût cru
que nous crussions	que nous eussions cru
que vous crussiez	que vous eussiez cru
qu'ils crussent	qu'ils eussent cru

CONDITIONNEL	
Présent	**Passé 1re forme**
je croirais	j'aurais cru
tu croirais	tu aurais cru
il croirait	il aurait cru
nous croirions	nous aurions cru
vous croiriez	vous auriez cru
ils croiraient	ils auraient cru
Passé 2e forme	
j'eusse cru	
tu eusses cru	
il eût cru	
nous eussions cru	
vous eussiez cru	
ils eussent cru	

IMPÉRATIF	
Présent	**Passé**
crois	aie cru
croyons	ayons cru
croyez	ayez cru

PARTICIPE	
Présent	**Passé**
croyant	cru
	crue
	crus
	crues

55 – BOIRE

INDICATIF	
Présent	**Passé composé**
je bois	j'ai bu
tu bois	tu as bu
il boit	il a bu
nous buvons	nous avons bu
vous buvez	vous avez bu
ils boivent	ils ont bu
Imparfait	**Plus-que-parfait**
je buvais	j'avais bu
tu buvais	tu avais bu
il buvait	il avait bu
nous buvions	nous avions bu
vous buviez	vous aviez bu
ils buvaient	ils avaient bu
Passé simple	**Passé antérieur**
je bus	j'eus bu
tu bus	tu eus bu
il but	il eut bu
nous bûmes	nous eûmes bu
vous bûtes	vous eûtes bu
ils burent	ils eurent bu
Futur simple	**Futur antérieur**
je boirai	j'aurai bu
tu boiras	tu auras bu
il boira	il aura bu
nous boirons	nous aurons bu
vous boirez	vous aurez bu
ils boiront	ils auront bu
SUBJONCTIF	
Présent	**Passé**
que je boive	que j'aie bu
que tu boives	que tu aies bu
qu'il boive	qu'il ait bu
que nous buvions	que nous ayons bu
que vous buviez	que vous ayez bu
qu'ils boivent	qu'ils aient bu

Imparfait	Plus-que-parfait
que je busse	que j'eusse bu
que tu busses	que tu eusses bu
qu'il bût	qu'il eût bu
que nous bussions	que nous eussions bu
que vous bussiez	que vous eussiez bu
qu'ils bussent	qu'ils eussent bu

CONDITIONNEL

Présent	Passé 1re forme
je boirais	j'aurais bu
tu boirais	tu aurais bu
il boirait	il aurait bu
nous boirions	nous aurions bu
vous boiriez	vous auriez bu
ils boiraient	ils auraient bu

Passé 2e forme	
j'eusse bu	
tu eusses bu	
il eût bu	
nous eussions bu	
vous eussiez bu	
ils eussent bu	

IMPÉRATIF

Présent	Passé
bois	aie bu
buvons	ayons bu
buvez	ayez bu

PARTICIPE

Présent	Passé
buvant	bu
	bue
	bus
	bues

56 – CUIRE

– même conjugaison pour les verbes conduire, construire, détruire, instruire, produire, séduire, luire, nuire...
– noter les participes passés invariables : lui, nui...

INDICATIF	
Présent	**Passé composé**
je cuis	j'ai cuit
tu cuis	tu as cuit
il cuit	il a cuit
nous cuisons	nous avons cuit
vous cuisez	vous avez cuit
ils cuisent	ils ont cuit
Imparfait	**Plus-que-parfait**
je cuisais	j'avais cuit
tu cuisais	tu avais cuit
il cuisait	il avait cuit
nous cuisions	nous avions cuit
vous cuisiez	vous aviez cuit
ils cuisaient	ils avaient cuit
Passé simple	**Passé antérieur**
je cuisis	j'eus cuit
tu cuisis	tu eus cuit
il cuisit	il eut cuit
nous cuisîmes	nous eûmes cuit
vous cuisîtes	vous eûtes cuit
ils cuisirent	ils eurent cuit
Futur simple	**Futur antérieur**
je cuirai	j'aurai cuit
tu cuiras	tu auras cuit
il cuira	il aura cuit
nous cuirons	nous aurons cuit
vous cuirez	vous aurez cuit
ils cuiront	ils auront cuit

SUBJONCTIF	
Présent	**Passé**
que je cuise	que j'aie cuit
que tu cuises	que tu aies cuit
qu'il cuise	qu'il ait cuit
que nous cuisions	que nous ayons cuit
que vous cuisiez	que vous ayez cuit
qu'ils cuisent	qu'ils aient cuit
Imparfait	**Plus-que-parfait**
que je cuisisse	que j'eusse cuit
que tu cuisisses	que tu eusses cuit
qu'il cuisît	qu'il eût cuit
que nous cuisissions	que nous eussions cuit
que vous cuisissiez	que vous eussiez cuit
qu'ils cuisissent	qu'ils eussent cuit

CONDITIONNEL	
Présent	**Passé 1re forme**
je cuirais	j'aurais cuit
tu cuirais	tu aurais cuit
il cuirait	il aurait cuit
nous cuirions	nous aurions cuit
vous cuiriez	vous auriez cuit
ils cuiraient	ils auraient cuit
Passé 2e forme	
j'eusse cuit	
tu eusses cuit	
il eût cuit	
nous eussions cuit	
vous eussiez cuit	
ils eussent cuit	

IMPÉRATIF	
Présent	**Passé**
cuis	aie cuit
cuisons	ayons cuit
cuisez	ayez cuit

PARTICIPE	
Présent	**Passé**
cuisant	cuit
	cuite
	cuits
	cuites

57 – LIRE

– même conjugaison pour les dérivés relire, élire, réélire

INDICATIF	
Présent	**Passé composé**
je lis	j'ai lu
tu lis	tu as lu
il lit	il a lu
nous lisons	nous avons lu
vous lisez	vous avez lu
ils lisent	ils ont lu
Imparfait	**Plus-que-parfait**
je lisais	j'avais lu
tu lisais	tu avais lu
il lisait	il avait lu
nous lisions	nous avions lu
vous lisiez	vous aviez lu
ils lisaient	ils avaient lu
Passé simple	**Passé antérieur**
je lus	j'eus lu
tu lus	tu eus lu
il lut	il eut lu
nous lûmes	nous eûmes lu
vous lûtes	vous eûtes lu
ils lurent	ils eurent lu
Futur simple	**Futur antérieur**
je lirai	j'aurai lu
tu liras	tu auras lu
il lira	il aura lu
nous lirons	nous aurons lu
vous lirez	vous aurez lu
ils liront	ils auront lu

SUBJONCTIF	
Présent	**Passé**
que je lise	que j'aie lu
que tu lises	que tu aies lu
qu'il lise	qu'il ait lu
que nous lisions	que nous ayons lu
que vous lisiez	que vous ayez lu
qu'ils lisent	qu'ils aient lu
Imparfait	**Plus-que-parfait**
que je lusse	que j'eusse lu
que tu lusses	que tu eusses lu
qu'il lût	qu'il eût lu
que nous lussions	que nous eussions lu
que vous lussiez	que vous eussiez lu
qu'ils lussent	qu'ils eussent lu

CONDITIONNEL	
Présent	**Passé 1re forme**
je lirais	j'aurais lu
tu lirais	tu aurais lu
il lirait	il aurait lu
nous lirions	nous aurions lu
vous liriez	vous auriez lu
ils liraient	ils auraient lu
Passé 2e forme	
j'eusse lu	
tu eusses lu	
il eût lu	
nous eussions lu	
vous eussiez lu	
ils eussent lu	

IMPÉRATIF	
Présent	**Passé**
lis	aie lu
lisons	ayons lu
lisez	ayez lu

PARTICIPE	
Présent	**Passé**
lisant	lu
	lue
	lus
	lues

58 – DIRE

– même conjugaison pour le verbe redire. Contredire, dédire, interdire, médire et prédire ont au présent de l'indicatif et de l'impératif les formes : vous contredisez, dédisez, interdisez, médisez

INDICATIF	
Présent	**Passé composé**
je dis	j'ai dit
tu dis	tu as dit
il dit	il a dit
nous disons	nous avons dit
vous dites	vous avez dit
ils disent	ils ont dit
Imparfait	**Plus-que-parfait**
je disais	j'avais dit
tu disais	tu avais dit
il disait	il avait dit
nous disions	nous avions dit
vous disiez	vous aviez dit
ils disaient	ils avaient dit
Passé simple	**Passé antérieur**
je dis	j'eus dit
tu dis	tu eus dit
il dit	il eut dit
nous dîmes	nous eûmes dit
vous dîtes	vous eûtes dit
ils dirent	ils eurent dit
Futur simple	**Futur antérieur**
je dirai	j'aurai dit
tu diras	tu auras dit
il dira	il aura dit
nous dirons	nous aurons dit
vous direz	vous aurez dit
ils diront	ils auront dit

SUBJONCTIF	
Présent	**Passé**
que je dise	que j'aie dit
que tu dises	que tu aies dit
qu'il dise	qu'il ait dit
que nous disions	que nous ayons dit
que vous disiez	que vous ayez dit
qu'ils disent	qu'ils aient dit
Imparfait	**Plus-que-parfait**
que je disse	que j'eusse dit
que tu disses	que tu eusses dit
qu'il dît	qu'il eût dit
que nous dissions	que nous eussions dit
que vous dissiez	que vous eussiez dit
qu'ils dissent	qu'ils eussent dit

CONDITIONNEL	
Présent	**Passé 1re forme**
je dirais	j'aurais dit
tu dirais	tu aurais dit
il dirait	il aurait dit
nous dirions	nous aurions dit
vous diriez	vous auriez dit
ils diraient	ils auraient dit
Passé 2e forme	
j'eusse dit	
tu eusses dit	
il eût dit	
nous eussions dit	
vous eussiez dit	
ils eussent dit	

IMPÉRATIF	
Présent	**Passé**
dis	aie dit
disons	ayons dit
dites	ayez dit

PARTICIPE	
Présent	**Passé**
disant	dit
	dite
	dits
	dites

59 – RIRE

- même conjugaison pour le verbe sourire
- participe passé invariable (*elles se sont ri de nous*)

INDICATIF	
Présent	**Passé composé**
je ris	j'ai ri
tu ris	tu as ri
il rit	il a ri
nous rions	nous avons ri
vous riez	vous avez ri
ils rient	ils ont ri
Imparfait	**Plus-que-parfait**
je riais	j'avais ri
tu riais	tu avais ri
il riait	il avait ri
nous riions	nous avions ri
vous riiez	vous aviez ri
ils riaient	ils avaient ri
Passé simple	**Passé antérieur**
je ris	j'eus ri
tu ris	tu eus ri
il rit	il eut ri
nous rîmes	nous eûmes ri
vous rîtes	vous eûtes ri
ils rirent	ils eurent ri
Futur simple	**Futur antérieur**
je rirai	j'aurai ri
tu riras	tu auras ri
il rira	il aura ri
nous rirons	nous aurons ri
vous rirez	vous aurez ri
ils riront	ils auront ri

SUBJONCTIF	
Présent	**Passé**
que je rie	que j'aie ri
que tu ries	que tu aies ri
qu'il rie	qu'il ait ri
que nous riions	que nous ayons ri
que vous riiez	que vous ayez ri
qu'ils rient	qu'ils aient ri
Imparfait	**Plus-que-parfait**
que je risse	que j'eusse ri
que tu risses	que tu eusses ri
qu'il rît	qu'il eût ri
que nous rissions	que nous eussions ri
que vous rissiez	que vous eussiez ri
qu'ils rissent	qu'ils eussent ri

CONDITIONNEL	
Présent	**Passé 1re forme**
je rirais	j'aurais ri
tu rirais	tu aurais ri
il rirait	il aurait ri
nous ririons	nous aurions ri
vous ririez	vous auriez ri
ils riraient	ils auraient ri
Passé 2e forme	
j'eusse ri	
tu eusses ri	
il eût ri	
nous eussions ri	
vous eussiez ri	
ils eussent ri	

IMPÉRATIF	
Présent	**Passé**
ris	aie ri
rions	ayons ri
riez	ayez ri

PARTICIPE	
Présent	**Passé**
riant	ri

60 – ÉCRIRE

– même conjugaison pour les verbes décrire et réécrire
   ainsi que tous les dérivés composés en – scrire (inscrire,
   transcrire...)

INDICATIF	
Présent	**Passé composé**
j'écris	j'ai écrit
tu écris	tu as écrit
il écrit	il a écrit
nous écrivons	nous avons écrit
vous écrivez	vous avez écrit
ils écrivent	ils ont écrit
Imparfait	**Plus-que-parfait**
j'écrivais	j'avais écrit
tu écrivais	tu avais écrit
il écrivait	il avait écrit
nous écrivions	nous avions écrit
vous écriviez	vous aviez écrit
ils écrivaient	ils avaient écrit
Passé simple	**Passé antérieur**
j'écrivis	j'eus écrit
tu écrivis	tu eus écrit
il écrivit	il eut écrit
nous écrivîmes	nous eûmes écrit
vous écrivîtes	vous eûtes écrit
ils écrivirent	ils eurent écrit
Futur simple	**Futur antérieur**
j'écrirai	j'aurai écrit
tu écriras	tu auras écrit
il écrira	il aura écrit
nous écrirons	nous aurons écrit
vous écrirez	vous aurez écrit
ils écriront	ils auront écrit

SUBJONCTIF	
Présent	**Passé**
que j'écrive	que j'aie écrit
que tu écrives	que tu aies écrit
qu'il écrive	qu'il ait écrit
que nous écrivions	que nous ayons écrit
que vous écriviez	que vous ayez écrit
qu'ils écrivent	qu'ils aient écrit
Imparfait	**Plus-que-parfait**
que j'écrivisse	que j'eusse écrit
que tu écrivisses	que tu eusses écrit
qu'il écrivît	qu'il eût écrit
que nous écrivissions	que nous eussions écrit
que vous écrivissiez	que vous eussiez écrit
qu'ils écrivissent	qu'ils eussent écrit

CONDITIONNEL	
Présent	**Passé 1re forme**
j'écrirais	j'aurais écrit
tu écrirais	tu aurais écrit
il écrirait	il aurait écrit
nous écririons	nous aurions écrit
vous écririez	vous auriez écrit
ils écriraient	ils auraient écrit
Passé 2e forme	
j'eusse écrit	
tu eusses écrit	
il eût écrit	
nous eussions écrit	
vous eussiez écrit	
ils eussent écrit	

IMPÉRATIF	
Présent	**Passé**
écris	aie écrit
écrivons	ayons écrit
écrivez	ayez écrit

PARTICIPE	
Présent	**Passé**
écrivant	écrit
	écrite
	écrits
	écrites

61 – SUFFIRE

– même conjugaison pour les verbes circoncire (participe
  passé : circoncis), confire (confit), déconfire (déconfit)
  et frire (frit)
– participe passé invariable : suffi

INDICATIF	
Présent	**Passé composé**
je suffis	j'ai suffi
tu suffis	tu as suffi
il suffit	il a suffi
nous suffisons	nous avons suffi
vous suffisez	vous avez suffi
ils suffisent	ils ont suffi
Imparfait	**Plus-que-parfait**
je suffisais	j'avais suffi
tu suffisais	tu avais suffi
il suffisait	il avait suffi
nous suffisions	nous avions suffi
vous suffisiez	vous aviez suffi
ils suffisaient	ils avaient suffi
Passé simple	**Passé antérieur**
je suffis	j'eus suffi
tu suffis	tu eus suffi
il suffit	il eut suffi
nous suffîmes	nous eûmes suffi
vous suffîtes	vous eûtes suffi
ils suffirent	ils eurent suffi
Futur simple	**Futur antérieur**
je suffirai	j'aurai suffi
tu suffiras	tu auras suffi
il suffira	il aura suffi
nous suffirons	nous aurons suffi
vous suffirez	vous aurez suffi
ils suffiront	ils auront suffi

SUBJONCTIF	
Présent	**Passé**
que je suffise	que j'aie suffi
que tu suffises	que tu aies suffi
qu'il suffise	qu'il ait suffi
que nous suffisions	que nous ayons suffi
que vous suffisiez	que vous ayez suffi
qu'ils suffisent	qu'ils aient suffi
Imparfait	**Plus-que-parfait**
que je suffisse	que j'eusse suffi
que tu suffisses	que tu eusses suffi
qu'il suffît	qu'il eût suffi
que nous suffissions	que nous eussions suffi
que vous suffissiez	que vous eussiez suffi
qu'ils suffissent	qu'ils eussent suffi

CONDITIONNEL	
Présent	**Passé 1re forme**
je suffirais	j'aurais suffi
tu suffirais	tu aurais suffi
il suffirait	il aurait suffi
nous suffirions	nous aurions suffi
vous suffiriez	vous auriez suffi
ils suffiraient	ils auraient suffi
Passé 2e forme	
j'eusse suffi	
tu eusses suffi	
il eût suffi	
nous eussions suffi	
vous eussiez suffi	
ils eussent suffi	

IMPÉRATIF	
Présent	**Passé**
suffis	aie suffi
suffisons	ayons suffi
suffisez	ayez suffi

PARTICIPE	
Présent	**Passé**
suffisant	suffi

62 – CLORE

- seule la 3ᵉ personne du singulier du présent de l'indicatif comporte un accent circonflexe
- éclore ne s'emploie qu'à la 3ᵉ personne
- enclore (nous enclosons, vous enclosez) et déclore ne prennent pas d'accent circonflexe

INDICATIF	
Présent	**Passé composé**
je clos tu clos il clôt ils closent	j'ai clos tu as clos il a clos nous avons clos vous avez clos ils ont clos
Imparfait	**Plus-que-parfait**
	j'avais clos tu avais clos il avait clos nous avions clos vous aviez clos ils avaient clos
Passé simple	**Passé antérieur**
	j'eus clos tu eus clos il eut clos nous eûmes clos vous eûtes clos ils eurent clos
Futur simple	**Futur antérieur**
je clorai tu cloras il clora nous clorons vous clorez ils cloront	j'aurai clos tu auras clos il aura clos nous aurons clos vous aurez clos ils auront clos

SUBJONCTIF	
Présent	**Passé**
que je close	que j'aie clos
que tu closes	que tu aies clos
qu'il close	qu'il ait clos
que nous closions	que nous ayons clos
que vous closiez	que vous ayez clos
qu'ils closent	qu'ils aient clos
Imparfait	**Plus-que-parfait**
	que j'eusse clos
	que tu eusses clos
	qu'il eût clos
	que nous eussions clos
	que vous eussiez clos
	qu'ils eussent clos

CONDITIONNEL	
Présent	**Passé 1re forme**
je clorais	j'aurais clos
tu clorais	tu aurais clos
il clorait	il aurait clos
nous clorions	nous aurions clos
vous cloriez	vous auriez clos
ils cloraient	ils auraient clos
Passé 2e forme	
j'eusse clos	
tu eusses clos	
il eût clos	
nous eussions clos	
vous eussiez clos	
ils eussent clos	

IMPÉRATIF	
Présent	**Passé**
clos	aie clos
	ayons clos
	ayez clos

PARTICIPE	
Présent °	**Passé**
closant	clos
	close
	clos
	closes

63 – CONCLURE

– participe passé du verbe exclure : exclu ; du verbe
  inclure : inclus

INDICATIF	
Présent	**Passé composé**
je conclus	j'ai conclu
tu conclus	tu as conclu
il conclut	il a conclu
nous concluons	nous avons conclu
vous concluez	vous avez conclu
ils concluent	ils ont conclu
Imparfait	**Plus-que-parfait**
je concluais	j'avais conclu
tu concluais	tu avais conclu
il concluait	il avait conclu
nous concluions	nous avions conclu
vous concluiez	vous aviez conclu
ils concluaient	ils avaient conclu
Passé simple	**Passé antérieur**
je conclus	j'eus conclu
tu conclus	tu eus conclu
il conclut	il eut conclu
nous conclûmes	nous eûmes conclu
vous conclûtes	vous eûtes conclu
ils conclurent	ils eurent conclu
Futur simple	**Futur antérieur**
je conclurai	j'aurai conclu
tu concluras	tu auras conclu
il conclura	il aura conclu
nous conclurons	nous aurons conclu
vous conclurez	vous aurez conclu
ils concluront	ils auront conclu

SUBJONCTIF	
Présent	**Passé**
que je conclue	que j'aie conclu
que tu conclues	que tu aies conclu
qu'il conclue	qu'il ait conclu
que nous concluions	que nous ayons conclu
que vous concluiez	que vous ayez conclu
qu'ils concluent	qu'ils aient conclu
Imparfait	**Plus-que-parfait**
que je conclusse	que j'eusse conclu
que tu conclusses	que tu eusses conclu
qu'il conclût	qu'il eût conclu
que nous conclussions	que nous eussions conclu
que vous conclussiez	que vous eussiez conclu
qu'ils conclussent	qu'ils eussent conclu
CONDITIONNEL	
Présent	**Passé 1re forme**
je conclurais	j'aurais conclu
tu conclurais	tu aurais conclu
il conclurait	il aurait conclu
nous conclurions	nous aurions conclu
vous concluriez	vous auriez conclu
ils concluraient	ils auraient conclu
Passé 2e forme	
j'eusse conclu	
tu eusses conclu	
il eût conclu	
nous eussions conclu	
vous eussiez conclu	
ils eussent conclu	
IMPÉRATIF	
Présent	**Passé**
conclus	aie conclu
concluons	ayons conclu
concluez	ayez conclu
PARTICIPE	
Présent	**Passé**
concluant	conclu
	conclue
	conclus
	conclues

64 – SUIVRE

– même conjugaison pour les verbes s'ensuivre (auxiliaire être) et poursuivre

INDICATIF	
Présent	**Passé composé**
je suis	j'ai suivi
tu suis	tu as suivi
il suit	il a suivi
nous suivons	nous avons suivi
vous suivez	vous avez suivi
ils suivent	ils ont suivi
Imparfait	**Plus-que-parfait**
je suivais	j'avais suivi
tu suivais	tu avais suivi
il suivait	il avait suivi
nous suivions	nous avions suivi
vous suiviez	vous aviez suivi
ils suivaient	ils avaient suivi
Passé simple	**Passé antérieur**
je suivis	j'eus suivi
tu suivis	tu eus suivi
il suivit	il eut suivi
nous suivîmes	nous eûmes suivi
vous suivîtes	vous eûtes suivi
ils suivirent	ils eurent suivi
Futur simple	**Futur antérieur**
je suivrai	j'aurai suivi
tu suivras	tu auras suivi
il suivra	il aura suivi
nous suivrons	nous aurons suivi
vous suivrez	vous aurez suivi
ils suivront	ils auront suivi

SUBJONCTIF

Présent	Passé
que je suive	que j'aie suivi
que tu suives	que tu aies suivi
qu'il suive	qu'il ait suivi
que nous suivions	que nous ayons suivi
que vous suiviez	que vous ayez suivi
qu'ils suivent	qu'ils aient suivi

Imparfait	Plus-que-parfait
que je suivisse	que j'eusse suivi
que tu suivisses	que tu eusses suivi
qu'il suivît	qu'il eût suivi
que nous suivissions	que nous eussions suivi
que vous suivissiez	que vous eussiez suivi
qu'ils suivissent	qu'ils eussent suivi

CONDITIONNEL

Présent	Passé 1re forme
je suivrais	j'aurais suivi
tu suivrais	tu aurais suivi
il suivrait	il aurait suivi
nous suivrions	nous aurions suivi
vous suivriez	vous auriez suivi
ils suivraient	ils auraient suivi

Passé 2e forme	
j'eusse suivi	
tu eusses suivi	
il eût suivi	
nous eussions suivi	
vous eussiez suivi	
ils eussent suivi	

IMPÉRATIF

Présent	Passé
suis	aie suivi
suivons	ayons suivi
suivez	ayez suivi

PARTICIPE

Présent	Passé
suivant	suivi
	suivie
	suivis
	suivies

65 – VIVRE

– même conjugaison pour ses dérivés revivre et survivre
(le participe passé de survivre est invariable)

INDICATIF	
Présent	**Passé composé**
je vis	j'ai vécu
tu vis	tu as vécu
il vit	il a vécu
nous vivons	nous avons vécu
vous vivez	vous avez vécu
ils vivent	ils ont vécu
Imparfait	**Plus-que-parfait**
je vivais	j'avais vécu
tu vivais	tu avais vécu
il vivait	il avait vécu
nous vivions	nous avions vécu
vous viviez	vous aviez vécu
ils vivaient	ils avaient vécu
Passé simple	**Passé antérieur**
je vécus	j'eus vécu
tu vécus	tu eus vécu
il vécut	il eut vécu
nous vécûmes	nous eûmes vécu
vous vécûtes	vous eûtes vécu
ils vécurent	ils eurent vécu
Futur simple	**Futur antérieur**
je vivrai	j'aurai vécu
tu vivras	tu auras vécu
il vivra	il aura vécu
nous vivrons	nous aurons vécu
vous vivrez	vous aurez vécu
ils vivront	ils auront vécu

SUBJONCTIF	
Présent	**Passé**
que je vive	que j'aie vécu
que tu vives	que tu aies vécu
qu'il vive	qu'il ait vécu
que nous vivions	que nous ayons vécu
que vous viviez	que vous ayez vécu
qu'ils vivent	qu'ils aient vécu
Imparfait	**Plus-que-parfait**
que je vécusse	que j'eusse vécu
que tu vécusses	que tu eusses vécu
qu'il vécût	qu'il eût vécu
que nous vécussions	que nous eussions vécu
que vous vécussiez	que vous eussiez vécu
qu'ils vécussent	qu'ils eussent vécu

CONDITIONNEL	
Présent	**Passé 1re forme**
je vivrais	j'aurais vécu
tu vivrais	tu aurais vécu
il vivrait	il aurait vécu
nous vivrions	nous aurions vécu
vous vivriez	vous auriez vécu
ils vivraient	ils auraient vécu
Passé 2e forme	
j'eusse vécu	
tu eusses vécu	
il eût vécu	
nous eussions vécu	
vous eussiez vécu	
ils eussent vécu	

IMPÉRATIF	
Présent	**Passé**
vis	aie vécu
vivons	ayons vécu
vivez	ayez vécu

PARTICIPE	
Présent	**Passé**
vivant	vécu
	vécue
	vécus
	vécues

66 – VAINCRE

- même conjugaison pour le verbe convaincre
- particularité : pas de « t » final à la 3ᵉ personne du singulier du présent de l'indicatif (il vainc). D'autre part, devant une voyelle (sauf « u »), le « c » se change en « qu » (nous vainquons)

INDICATIF	
Présent	**Passé composé**
je vaincs	j'ai vaincu
tu vaincs	tu as vaincu
il vainc	il a vaincu
nous vainquons	nous avons vaincu
vous vainquez	vous avez vaincu
ils vainquent	ils ont vaincu
Imparfait	**Plus-que-parfait**
je vainquais	j'avais vaincu
tu vainquais	tu avais vaincu
il vainquait	il avait vaincu
nous vainquions	nous avions vaincu
vous vainquiez	vous aviez vaincu
ils vainquaient	ils avaient vaincu
Passé simple	**Passé antérieur**
je vainquis	j'eus vaincu
tu vainquis	tu eus vaincu
il vainquit	il eut vaincu
nous vainquîmes	nous eûmes vaincu
vous vainquîtes	vous eûtes vaincu
ils vainquirent	ils eurent vaincu
Futur simple	**Futur antérieur**
je vaincrai	j'aurai vaincu
tu vaincras	tu auras vaincu
il vaincra	il aura vaincu
nous vaincrons	nous aurons vaincu
vous vaincrez	vous aurez vaincu
ils vaincront	ils auront vaincu

SUBJONCTIF	
Présent	**Passé**
que je vainque	que j'aie vaincu
que tu vainques	que tu aies vaincu
qu'il vainque	qu'il ait vaincu
que nous vainquions	que nous ayons vaincu
que vous vainquiez	que vous ayez vaincu
qu'ils vainquent	qu'ils aient vaincu
Imparfait	**Plus-que-parfait**
que je vainquisse	que j'eusse vaincu
que tu vainquisses	que tu eusses vaincu
qu'il vainquît	qu'il eût vaincu
que nous vainquissions	que nous eussions vaincu
que vous vainquissiez	que vous eussiez vaincu
qu'ils vainquissent	qu'ils eussent vaincu

CONDITIONNEL	
Présent	**Passé 1re forme**
je vaincrais	j'aurais vaincu
tu vaincrais	tu aurais vaincu
il vaincrait	il aurait vaincu
nous vaincrions	nous aurions vaincu
vous vaincriez	vous auriez vaincu
ils vaincraient	ils auraient vaincu
Passé 2e forme	
j'eusse vaincu	
tu eusses vaincu	
il eût vaincu	
nous eussions vaincu	
vous eussiez vaincu	
ils eussent vaincu	

IMPÉRATIF	
Présent	**Passé**
vaincs	aie vaincu
vainquons	ayons vaincu
vainquez	ayez vaincu

PARTICIPE	
Présent	**Passé**
vainquant	vaincu
	vaincue
	vaincus
	vaincues

67 – FAIRE

- même conjugaison pour ses dérivés contrefaire, défaire, refaire satisfaire...
- attention à la prononciation : tout en écrivant nous *faisons* on prononce nous *fesons*

INDICATIF	
Présent	**Passé composé**
je fais	j'ai fait
tu fais	tu as fait
il fait	il a fait
nous faisons	nous avons fait
vous faites	vous avez fait
ils font	ils ont fait
Imparfait	**Plus-que-parfait**
je faisais	j'avais fait
tu faisais	tu avais fait
il faisait	il avait fait
nous faisions	nous avions fait
vous faisiez	vous aviez fait
ils faisaient	ils avaient fait
Passé simple	**Passé antérieur**
je fis	j'eus fait
tu fis	tu eus fait
il fit	il eut fait
nous fîmes	nous eûmes fait
vous fîtes	vous eûtes fait
ils firent	ils eurent fait
Futur simple	**Futur antérieur**
je ferai	j'aurai fait
tu feras	tu auras fait
il fera	il aura fait
nous ferons	nous aurons fait
vous ferez	vous aurez fait
ils feront	ils auront fait

SUBJONCTIF

Présent	Passé
que je fasse	que j'aie fait
que tu fasses	que tu aies fait
qu'il fasse	qu'il ait fait
que nous fassions	que nous ayons fait
que vous fassiez	que vous ayez fait
qu'ils fassent	qu'ils aient fait

Imparfait	Plus-que-parfait
que je fisse	que j'eusse fait
que tu fisses	que tu eusses fait
qu'il fît	qu'il eût fait
que nous fissions	que nous eussions fait
que vous fissiez	que vous eussiez fait
qu'ils fissent	qu'ils eussent fait

CONDITIONNEL

Présent	Passé 1re forme
je ferais	j'aurais fait
tu ferais	tu aurais fait
il ferait	il aurait fait
nous ferions	nous aurions fait
vous feriez	vous auriez fait
ils feraient	ils auraient fait

Passé 2e forme	
j'eusse fait	
tu eusses fait	
il eût fait	
nous eussions fait	
vous eussiez fait	
ils eussent fait	

IMPÉRATIF

Présent	Passé
fais	aie fait
faisons	ayons fait
faites	ayez fait

PARTICIPE

Présent	Passé
faisant	fait
	faite
	faits
	faites

68 – PLAIRE

- même conjugaison pour les verbes complaire, déplaire et taire
- participe passé invariable (*ils se sont plu à Deauville*)
- attention à l'accent circonflexe sur le « i » de la 3ᵉ personne de l'indicatif présent (sauf pour le verbe taire)

INDICATIF	
Présent	**Passé composé**
je plais	j'ai plu
tu plais	tu as plu
il plaît	il a plu
nous plaisons	nous avons plu
vous plaisez	vous avez plu
ils plaisent	ils ont plu
Imparfait	**Plus-que-parfait**
je plaisais	j'avais plu
tu plaisais	tu avais plu
il plaisait	il avait plu
nous plaisions	nous avions plu
vous plaisiez	vous aviez plu
ils plaisaient	ils avaient plu
Passé simple	**Passé antérieur**
je plus	j'eus plu
tu plus	tu eus plu
il plut	il eut plu
nous plûmes	nous eûmes plu
vous plûtes	vous eûtes plu
ils plurent	ils eurent plu
Futur simple	**Futur antérieur**
je plairai	j'aurai plu
tu plairas	tu auras plu
il plaira	il aura plu
nous plairons	nous aurons plu
vous plairez	vous aurez plu
ils plairont	ils auront plu

SUBJONCTIF	
Présent	**Passé**
que je plaise	que j'aie plu
que tu plaises	que tu aies plu
qu'il plaise	qu'il ait plu
que nous plaisions	que nous ayons plu
que vous plaisiez	que vous ayez plu
qu'ils plaisent	qu'ils aient plu
Imparfait	**Plus-que-parfait**
que je plusse	que j'eusse plu
que tu plusses	que tu eusses plu
qu'il plût	qu'il eût plu
que nous plussions	que nous eussions plu
que vous plussiez	que vous eussiez plu
qu'ils plussent	qu'ils eussent plu

CONDITIONNEL	
Présent	**Passé 1re forme**
je plairais	j'aurais plu
tu plairais	tu aurais plu
il plairait	il aurait plu
nous plairions	nous aurions plu
vous plairiez	vous auriez plu
ils plairaient	ils auraient plu
Passé 2e forme	
j'eusse plu	
tu eusses plu	
il eût plu	
nous eussions plu	
vous eussiez plu	
ils eussent plu	

IMPÉRATIF	
Présent	**Passé**
plais	aie plu
plaisons	ayons plu
plaisez	ayez plu

PARTICIPE	
Présent	**Passé**
plaisant	plu

69 – COUDRE

– même conjugaison pour ses dérivés découdre et recoudre

INDICATIF	
Présent	**Passé composé**
je couds	j'ai cousu
tu couds	tu as cousu
il coud	il a cousu
nous cousons	nous avons cousu
vous cousez	vous avez cousu
ils cousent	ils ont cousu
Imparfait	**Plus-que-parfait**
je cousais	j'avais cousu
tu cousais	tu avais cousu
il cousait	il avait cousu
nous cousions	nous avions cousu
vous cousiez	vous aviez cousu
ils cousaient	ils avaient cousu
Passé simple	**Passé antérieur**
je cousis	j'eus cousu
tu cousis	tu eus cousu
il cousit	il eut cousu
nous cousîmes	nous eûmes cousu
vous cousîtes	vous eûtes cousu
ils cousirent	ils eurent cousu
Futur simple	**Futur antérieur**
je coudrai	j'aurai cousu
tu coudras	tu auras cousu
il coudra	il aura cousu
nous coudrons	nous aurons cousu
vous coudrez	vous aurez cousu
ils coudront	ils auront cousu

SUBJONCTIF	
Présent	**Passé**
que je couse	que j'aie cousu
que tu couses	que tu aies cousu
qu'il couse	qu'il ait cousu
que nous cousions	que nous ayons cousu
que vous cousiez	que vous ayez cousu
qu'ils cousent	qu'ils aient cousu
Imparfait	**Plus-que-parfait**
que je cousisse	que j'eusse cousu
que tu cousisses	que tu eusses cousu
qu'il cousît	qu'il eût cousu
que nous cousissions	que nous eussions cousu
que vous cousissiez	que vous eussiez cousu
qu'ils cousissent	qu'ils eussent cousu

CONDITIONNEL	
Présent	**Passé 1re forme**
je coudrais	j'aurais cousu
tu coudrais	tu aurais cousu
il coudrait	il aurait cousu
nous coudrions	nous aurions cousu
vous coudriez	vous auriez cousu
ils coudraient	ils auraient cousu
Passé 2e forme	
j'eusse cousu	
tu eusses cousu	
il eût cousu	
nous eussions cousu	
vous eussiez cousu	
ils eussent cousu	

IMPÉRATIF	
Présent	**Passé**
couds	aie cousu
cousons	ayons cousu
cousez	ayez cousu

PARTICIPE	
Présent	**Passé**
cousant	cousu
	cousue
	cousus
	cousues

70 – MOUDRE

– même conjugaison pour les verbes remoudre et émoudre

INDICATIF	
Présent	**Passé composé**
je mouds	j'ai moulu
tu mouds	tu as moulu
il moud	il a moulu
nous moulons	nous avons moulu
vous moulez	vous avez moulu
ils moulent	ils ont moulu
Imparfait	**Plus-que-parfait**
je moulais	j'avais moulu
tu moulais	tu avais moulu
il moulait	il avait moulu
nous moulions	nous avions moulu
vous mouliez	vous aviez moulu
ils moulaient	ils avaient moulu
Passé simple	**Passé antérieur**
je moulus	j'eus moulu
tu moulus	tu eus moulu
il moulut	il eut moulu
nous moulûmes	nous eûmes moulu
vous moulûtes	vous eûtes moulu
ils moulurent	ils eurent moulu
Futur simple	**Futur antérieur**
je moudrai	j'aurai moulu
tu moudras	tu auras moulu
il moudra	il aura moulu
nous moudrons	nous aurons moulu
vous moudrez	vous aurez moulu
ils moudront	ils auront moulu

SUBJONCTIF

Présent	Passé
que je moule	que j'aie moulu
que tu moules	que tu aies moulu
qu'il moule	qu'il ait moulu
que nous moulions	que nous ayons moulu
que vous mouliez	que vous ayez moulu
qu'ils moulent	qu'ils aient moulu

Imparfait	Plus-que-parfait
que je moulusse	que j'eusse moulu
que tu moulusses	que tu eusses moulu
qu'il moulût	qu'il eût moulu
que nous moulussions	que nous eussions moulu
que vous moulussiez	que vous eussiez moulu
qu'ils moulussent	qu'ils eussent moulu

CONDITIONNEL

Présent	Passé 1re forme
je moudrais	j'aurais moulu
tu moudrais	tu aurais moulu
il moudrait	il aurait moulu
nous moudrions	nous aurions moulu
vous moudriez	vous auriez moulu
ils moudraient	ils auraient moulu

Passé 2e forme	
j'eusse moulu	
tu eusses moulu	
il eût moulu	
nous eussions moulu	
vous eussiez moulu	
ils eussent moulu	

IMPÉRATIF

Présent	Passé
mouds	aie moulu
moulons	ayons moulu
moulez	ayez moulu

PARTICIPE

Présent	Passé
moulant	moulu
	moulue
	moulus
	moulues

DANS LA PRATIQUE

Bizarre, bizarre...

Peu m'en chaut : présent de l'indicatif du verbe **chaloir** (3ᵉ groupe). Sens global : marque d'indifférence à l'égard de ce dont on parle. Seule forme directe du verbe qui est encore employée de nos jours, mais le dérivé « nonchalance » (absence d'ardeur, d'énergie, de zèle) est encore très utilisé.

Tire la bobinette et la chevillette cherra : futur de l'indicatif du verbe **choir** (3ᵉ groupe). Cette formule est donnée par la grand-mère dans *Le Petit Chaperon rouge* pour que celui-ci puisse ouvrir la porte : il doit tirer la bobinette et la chevillette tombera. Ce verbe ne subsiste guère aujourd'hui qu'à l'infinitif.

Honni soit qui mal y pense : participe passé du verbe **honnir** (2ᵉ groupe) [« vouer à l'exécration et au mépris publics en couvrant de honte »] qui n'est guère plus utilisé que dans cette formule.

Vaquer à ses occupations signifie s'occuper librement de ses affaires. Ce verbe (1ᵉʳ groupe) a conservé les deux sens de son verbe d'origine latine « vacare » qui signifie à la fois « être vide » et « être oisif ».

Ci-gît : indicatif présent du **gésir** (3ᵉ groupe). Cette inscription funéraire en désuétude signifie simplement « ici repose ».

Oyez, *oyez braves gens* : impératif 2ᵉ personne du pluriel du verbe **ouïr** (« écouter, entendre ») [3ᵉ groupe] ne s'emploie guère qu'à l'infinitif ou au participe passé comme dans l'expression *ce n'est qu'un ouï-dire.*

Cette couleur vous **sied** *à merveille* : présent de l'indicatif du verbe **seoir** (3ᵉ groupe) qui signifie au sens propre « être assis » et au sens figuré « être considéré comme convenable, agréable ». Le participe passé « sis(e) » signifie « situé ».

Il **apert** *que* = il résulte que : indicatif présent du verbe **apparoir** (3ᵉ groupe). Ce verbe juridique n'est employé que sous cette forme ou à l'infinitif.

Elle est **férue** *de poésie* = elle est passionnée de poésie. Il s'agit du participe passé du verbe **férir** (3ᵉ groupe) qui ne s'emploie guère que sous cette forme.

PAS DE CONFUSION

Agonir (2ᵉ groupe) : signifiait à l'origine « faire honte » puis « accabler ». Ce verbe se retrouve particulièrement dans l'expression *agonir d'injures* / **agoniser** (1ᵉʳ groupe) : « être sur le point de mourir ».

Consommer (1ᵉʳ groupe) : « détruire quelque chose en vue de fins utiles », ex. : *on a consommé toutes les provisions* / **consumer** (1ᵉʳ groupe) : « détruire, faire périr », ex. : *un incendie consuma la ville.*

Exaucer (1ᵉʳ groupe) : « satisfaire », *exaucer un voeu* / **exhausser** (1ᵉʳ groupe) : « élever ».

Oppresser (1er groupe) : au sens propre « presser fortement, gêner la respiration », au sens figuré « tourmenter quelqu'un » / opprimer (1er groupe) : « persécuter par des mesures de violence », ex. : *opprimer les faibles*.

Prescrire (3e groupe) : « ordonner » ex. : *le médecin lui a prescrit un nouveau médicament*. Dans la langue juridique, ce verbe peut signifier « acquérir ou abroger », ex. : *prescrire un droit* / **proscrire** (3e groupe) : « bannir, condamner ».

Rabattre (3e groupe) : « diminuer, ramener à un niveau plus bas » / **rebattre** (3e groupe) : *rebattre les oreilles de quelqu'un* signifie « le fatiguer en lui disant toujours la même chose ».

Recouvrer (1er groupe) : « retrouver » / **recouvrir** (3e groupe) : « couvrir une seconde fois ».

Repartir (3e groupe) : « partir de nouveau ; répondre » / **répartir** (3e groupe) : « partager, distribuer ».

Feindre (3e groupe) : « simuler pour tromper » / **feinter** (1er groupe) : « surprendre par une ruse ».

Résonner (1er groupe) : « renvoyer le son en augmentant sa durée ou son intensité » / **raisonner** (1er groupe) : « se servir de sa raison pour connaître, juger ».

Tâcher (1er groupe) : « essayer » / **tacher** (1er groupe) : « salir en faisant une tache ».

Pêcher (1er groupe) : « prendre du poisson » / **pécher** (1er groupe) : « commettre un péché », « commettre une erreur ».

Les particularités de l'impératif

À l'impératif, 2ᵉ personne du singulier, tous les verbes du 1ᵉʳ groupe et certains du 3ᵉ groupe (**cueillir** et ses composés, **savoir, avoir, ouvrir, souffrir** et **offrir**) se terminent par un « e »

> Ex : *mange des pommes !, retourne à la maison !, cueille des fleurs !*

Mais dans certains cas, quand le complément est remplacé par « en » ou « y », l'impératif prend un « s » :

> *mange des pommes !* → *manges-en !*
> *retourne à la maison !* → *retournes-y !*
> *cueille des fleurs !* → *cueilles-en !*

Cas particulier, le verbe **aller** :
Va à l'école ! → *vas-y !*

Distinguer le futur du conditionnel

Pour éviter toute confusion et savoir quand mettre un « s » à la première personne du singulier, il suffit de changer par la seconde personne.

> Ex : *si elle vient, je serai heureux* → *tu seras heureux.*

Il s'agit donc d'un **futur** !

> *Si elle venait, je serais heureux* → *tu serais heureux.*

Il s'agit d'un **conditionnel** !

Les chiffres placés à côté des verbes renvoient au tableau de conjugaison (ex. : le verbe « choquer » se rapporte au tableau 6).

INDEX

adresser 6
advenir (impersonnel) 21
aérer 17
affadir 18
affaiblir 18
affairer 6
affamer 6
affecter 6
affectionner 6
affermir 18
afficher 6
affirmer 6
affliger 8
affluer 6
affranchir 18
affronter 6
affubler 6
affûter 6
agacer 7
agencer 7
agenouiller 6
aggraver 6
agir 18
agiter 6
agoniser 6
agrafer 6
agrandir 18
agréer 9
agrémenter 6
agresser 6
agripper 6
aguerrir 18
aguicher 6
aider 6
aigrir 18
aimanter 6
aimer 6
ajouter 6
ajuster 6
alanguir 18
alarmer 6
alerter 6
aliéner 17
aligner 6
alimenter 6
allaiter 6
allécher 17

aller 20
allier 13
allonger 8
allouer 6
allumer 6
alourdir 18
altérer 17
alterner 6
amadouer 6
amaigrir 18
amasser 6
améliorer 6
aménager 8
amender 6
amener 16
ameuter 6
amoindrir 18
amonceler 14
amorcer 7
amortir 18
amplifier 13
amputer 6
amuser 6
analyser 6
ancrer 6
anéantir 18
anesthésier 13
angoisser 6
animer 6
annoncer 7
annoter 6
annuler 6
anoblir 18
anticiper 6
apaiser 6
apercevoir 33
apitoyer 10
aplatir 18
apostropher 6
apparaître 51
appartenir 21
appeler 14
applaudir 18
appliquer 6
apporter 6
apprécier 13
appréhender 6

apprendre 46
apprêter 6
apprivoiser 6
approcher 6
approfondir 18
approprier 13
approuver 6
approvisionner 6
appuyer 10
arbitrer 6
arborer 6
argumenter 6
armer 6
arpenter 6
arracher 6
arranger 8
arrêter 6
arriver 6
arrondir 18
arroser 6
articuler 6
asperger 8
aspirer 6
assagir 18
assaillir 27
assainir 18
assaisonner 6
assassiner 6
assembler 6
asseoir 44
asservir 18
assiéger 8+17
assimiler 6
assister 6
associer 13
assombrir 18
assommer 6
assortir 18
assouplir 18
assurer 6
astreindre 47
attacher 6
attaquer 6
atteindre 47
attendre 45
attendrir 18
atténuer 6

atterrir 18
attester 6
attirer 6
attraper 6
attribuer 6
auditionner 6
augmenter 6
autoriser 6
avaler 6
avancer 7
avérer 17
avertir 18
aveugler 6
avilir 18
aviser 6
avoir 1
avorter 6
avouer 6

B

bâcler 6
bafouer 6
bagarrer 6
baigner 6
bâiller 6
baiser 6
baisser 6
balader 6
balancer 7
balayer 12
baliser 6
banaliser 6
bander 6
bannir 18
baptiser 6
barbouiller 6
barrer 6
barricader 6
basculer 6
baser 6
bâtir 18
battre 49
bavarder 6
bégayer 12

C

galvauder 6
garantir 18
garder 6
garer 6
garnir 18
gaspiller 6
gâter 6
geindre 47
geler 15
gémir 18
gêner 6
générer 17
gercer 7
gérer 17
germer 6
gicler 6
gifler 6
glacer 7
glaner 6
glisser 6
glorifier 13
gommer 6
gondoler 6
gonfler 6
goûter 6
gouverner 6
gracier 13
graduer 6
grandir 18
gratter 6
gravir 18
grêler (impersonnel) 6
griffer 6
griller 6
grimper 6
grincer 7
gripper 6
grogner 6
gronder 6
grossir 18
grouper 6
guérir 18
guetter 6
gueuler 6
guider 6

H

habiller 6
habiter 6
habituer 6
hacher 6
haïr 19
haleter 15
halluciner 6
hanter 6
harceler 15
harmoniser 6
hâter 6
héberger 8
hennir 18
hériter 6
hésiter 6
heurter 6
hisser 6
honnir 18
honorer 6
horrifier 13
huer 6
humidifier 13
humilier 13
hurler 6
hypnotiser 6

I

idéaliser 6
identifier 13
idolâtrer 6
ignorer 6
illuminer 6
illustrer 6
imaginer 6
imbiber 6
imiter 6
immerger 8
immigrer 6
immiscer 7
immoler 6
immuniser 6
impliquer 6

laisser 6
lamenter 6
lancer 7
languir 18
larmoyer 10
laver (se) 4
lécher 17
légaliser 6
léguer 17
leurrer 6
lever 16
libérer 17
licencier 13
lier 13
limer 6
limiter 6
liquéfier 13
liquider 6
lire 57
lisser 6
livrer 6
localiser 6
loger 8
longer 8
loucher 6
louer 6
luire 56
lutter 6
lyncher 6

M

macérer 17
mâcher 6
maculer 6
magnétiser 6
maigrir 18
maintenir 21
maîtriser 6
malmener 16
mandater 6
manger 8
manier 13
manifester 6
manipuler 6

manquer 6
maquiller 6
marchander 6
marcher 6
marginaliser 6
marier 13
marquer 6
marteler 15
martyriser 6
masquer 6
massacrer 6
masser 6
mastiquer 6
matérialiser 6
materner 6
maudire 18
maugréer 9
mécaniser 6
méconnaître 51
médiatiser 6
médicaliser 6
médire 58
méditer 6
méfier 13
mélanger 8
mêler 6
mémoriser 6
menacer 7
ménager 8
mendier 13
mener 16
mensualiser 6
mentionner 6
mentir 23
méprendre 46
mépriser 6
mériter 6
mesurer 6
métamorphoser 6
mettre 50
meubler 6
meurtrir 18
miauler 6
migrer 6
militer 6
mimer 6
mincir 18
minimiser 6
minuter 6

miroiter 6
mitrailler 6
mixer 6
mobiliser 6
modeler 15
modérer 17
moderniser 6
modifier 13
moduler 6
moisir 18
moissonner 6
mollir 18
mondialiser 6
monnayer 12
monologuer 6
monopoliser 6
monter 6
montrer 6
moquer 6
morceler 14
mordre 45
morfondre 45
motiver 6
moucher 6
moudre 70
mouiller 6
mouliner 6
mourir 31
mousser 6
mouvoir 39
muer 6
mugir 18
multiplier 6
munir 18
mûrir 18
murmurer 6
muscler 6
muter 6
mutiler 6
mystifier 13

N

nager 8
naître 52
napper 6
narguer 6

narrer 6
naturaliser 6
naviguer 6
navrer 6
nécessiter 6
négliger 8
négocier 13
neiger (impersonnel) 8
nettoyer 10
neutraliser 6
nier 13
niveler 14
noircir 18
nommer 6
noter 6
nouer 6
nourrir 18
noyer 10
nuancer 7
nuire 56
numériser 6
numéroter 6

O

obéir 18
objecter 6
objectiver 6
obliger 8
oblitérer 17
obscurcir 18
obséder 17
observer 6
obstiner 6
obstruer 6
obtenir 21
occasionner 6
occulter 6
occuper 6
octroyer 10
œuvrer 6
offenser 6
offrir 25
offusquer 6
omettre 50

raturer 6
ravager 8
ravaler 6
ravir 18
raviser 6
raviver 6
rayer 12
rayonner 6
réaliser 6
réanimer 6
réapparaître 51
réapprendre 46
rebattre 49
rebeller 6
rebiquer 6
rebondir 18
rebuter 6
recaler 6
receler 15
recenser 6
réceptionner 6
recevoir 33
réchapper 6
réchauffer 6
rechercher 6
récidiver 6
réciter 6
réclamer 6
récolter 6
recommander 6
récompenser 6
réconcilier 13
réconforter 6
reconnaître 51
recoudre 69
recourir 30
récrier 13
récrire 60
récriminer 6
recroqueviller 6
recruter 6
rectifier 13
recueillir 26
reculer 6
récupérer 17
récurer 6
recycler 6

redescendre 45
rédiger 8
redorer 6
redoubler 6
redouter 6
réduire 56
réélire 57
refaire 67
référer 17
réfléchir 18
refléter 17
réformer 6
refouler 6
réfréner 17
réfrigérer 17
refroidir 18
réfugier 13
refuser 6
réfuter 6
régaler 6
regarder 6
régénérer 17
régir 18
régler 17
régner 17
régresser 6
regretter 6
régulariser 6
réguler 6
réifier 13
rejeter 14
rejoindre 47
réjouir 18
relativiser 6
reléguer 17
relever 16
relier 13
relire 57
remarquer 6
rembourser 6
remédier 13
remémorer 6
remercier 13
remettre 50
remonter 6
remorquer 6
remplacer 7

rogner 6
rompre 45
ronfler 6
ronger 8
ronronner 6
roter 6
rôtir 18
rougir 18
rouiller 6
rouler 6
ruer 6
rugir 18
ruiner 6
ruminer 6
ruser 6
rythmer 6

S

sabler 6
saborder 6
saboter 6
sabrer 6
saccager 8
sacraliser 6
sacrer 6
sacrifier 13
saigner 6
saisir 18
saler 6
salir 18
saluer 6
sanctionner 6
sangloter 6
saouler 6
satisfaire 67
saturer 6
saucer 7
sauter 6
sauvegarder 6
sauver 6
savoir 36
savonner 6
savourer 6
scandaliser 6

sceller 6
scier 13
scinder 6
scintiller 6
scotcher 6
scruter 6
sculpter 6
sécher 17
secouer 6
secourir 30
séduire 56
séjourner 6
sélectionner 6
sembler 6
sensibiliser 6
sentir 23
séparer 6
séquestrer 6
sermonner 6
serrer 6
servir 23
sévir 18
sevrer 6
siéger 8+17
siffler 6
signaler 6
signer 6
signifier 13
simplifier 13
simuler 6
singulariser 6
situer 6
skier 13
soigner 6
solder 6
solliciter 6
somatiser 6
sombrer 6
sonder 6
songer 8
sonner 6
sortir 23
soucier 13
souder 6
soudoyer 11
souffler 6
souffrir 25

T

U

V

Cet ouvrage a été composé par
PCA - 44400 REZÉ

Impression réalisée sur Presse Offset par

BRODARD & TAUPIN

GROUPE CPI

35789 – La Flèche (Sarthe), le 11-05-2006
Dépôt légal : mai 2006

POCKET – 12, avenue d'Italie - 75627 Paris cedex 13

Imprimé en France